DAS GEHEIMNIS DES STRÖMENDEN

Liebeserklärung an die frei fließende Donau

DAS GEHEIMNIS DES STRÖMENDEN

Liebeserklärung an die frei fließende Donau

Herausgegeben vom Ökumenischen Aktionskreis „Lebendige Donau"
in Kooperation mit „Freundinnen der Donau e. V."

2022

Diese Publikation wurde gefördert von der

Stiftung der Passauer Neuen Presse

Bibliografische Information der Deutschen Nationalbibliothek

Die Deutsche Nationalbibliothek verzeichnet diese Publikation
in der Deutschen Nationalbibliografie; detaillierte bibliografische
Daten sind im Internet über http://dnb.d-nb.de abrufbar.

Bildnachweis

Asenkerschbaumer Dionys: 10, 15, 20, 28, 50 (li. Sp. u., re. Sp. 4. v. o.), 70 (re.), 92 (li. Sp. 4. v. o., 3. Sp. v. li. u., re. Sp., 4. u. 6. Bild v. o.), 96 (u. li.), 99, 110/111
Baisch Armin: 23 (u.), 40, 42 (li. o.)
Baumgartner Josef: 2, 23 (o.), 25, 28, 46 (u. li, u. re.), 50 (li. Sp. 1. u. 2. Bild v. o., mi. Sp. 3. Bild v. o., re. Sp. 2. Bild v. o.), 51, 53, 64, 68/69, 77, 80–88, 96 (o. li., u. re.), 119, 120 , 124
de Camaret Nicolas, Wikimedia commons: 103
dpa: 6
Franzel Renate: Titelbild, 44, 45, 50 (re. Sp. u.), 116
Friedenberger Werner: 67 (li. Sp. u., mi. Sp. mi.), 91, 92 (li. Sp. 1. o.)
Gaschler Rainer: 67 (li. Sp. o., mi. Sp. o., re. Sp. o. und mi.)
Geißler Wolfgang: 42 (u. li.)
Hartung Rosmarie und Klaus: 89
Heigl Franz: 18 (o. li., u. li), 22 (u.), Umschlag-Rückseite
Hirschenauer Rosa: 13, 14, 78
Junghanns Karl-Heinz: 123
Krumbholz Mathias, Wikimedia Commons: 50 (mi. Sp. u.)
Landesbund für Vogelschutz in Bayern LBV: 92 (2. Spalte v. li. 1. v. o.)
Lindner Stefanie/Pressestelle Bistum Passau: 22 (o.)
Lutz Gerhard: 32, 33, 70 (li.)
Millgramm Diana: 17
Maier Hans: 42 (o. re., u. re.)
Pelzer Evi: 27, 30, 31, 37, 38, 46 (o. li.), 48, 49, 50 (li. Sp., 3. u. 4. Bild v. o., mi. Sp., 1. u. 2. Bild v. o., re. Sp. 1. u. 3. v. o.), 58, 63, 96 (o. re.), 98, 100
Scherf Dieter: 9
Scheiblberger Wolfgang: 94
Schmidt Johannes: 34
Seidel Sonja: 72, 73
Sigl Mirjam: 46 (o. re.)
Thalhammer Josef: 27, 30, 31, 37, 38, 46 (o. li.), 48–50 (li. Sp., 3. u. 4. Bild v. o., mi. Sp., 1. u. 2. Bild v. o., re. Sp. 1. u. 3. v. o.), 58, 63, 96 (o. re.), 99, 100
Weidkamp Irmgard: 50 (mi. Sp. 2. v. u.), 116
Umbelino Glauco, Wikimedia commons: 104
Vogl Monika: 18 (re.), 24, 31, 57, 75, 92 (li. Sp. 5. u. 6. Bild v. o., 2. Sp. v. li. 3.–6. Bild v. o., 3. Sp. v. li. 2., 4., 5., re. Sp. 3. u. 5. Bild v. o., li. Sp. 5. Bild v. o.), 93, 105, 109, 114, 127
Trotz intensiver Bemühungen konnte die Autorenschaft folgender Bilder nicht eruiert werden: 67 (li. Sp. 3. Bild v. o. und mi., re. Sp. unten, mi. Sp. u.), 92 (3. Sp. v. li. 1. Bild o.)

Herausgeber	Ökumenischer Aktionskreis „Lebendige Donau" in Kooperation mit „Freundinnen der Donau e. V."
Umschlag	„Blaue Stunde" an der Donau; Foto: Renate Franzel
Frontispiz	Sonnenaufgang über Donaunebel; Foto: Josef Baumgartner
Layout & Prepress	Dionys Asenkerschbaumer, ab-PhotoDesign, Kellberg
Druck	Passavia Druckservice GmbH & Co. KG, Passau
Bindung	Conzella Verlagsbuchbinderei Urban Meister GmbH & Co KG Pfarrkirchen
© 2022	Alle Rechte bei den Autoren. Eine Veröffentlichung ohne Rücksprache mit den Rechteinhabern ist nicht gestattet.
ISBN	978-3-00-072941-6
	Printed in Germany

Inhalt

Abt Emmanuel Jungclaussen OSB († 8. Dezember 2018) am Donauufer in Niederaltaich. Der Abt der 1250 Jahre alten Benediktinerabtei Niederaltaich ist für viele Menschen an der Donau zur Leitfigur des christlich begründeten Einsatzes für den Erhalt der frei fließenden Donau zwischen Straubing und Vilshofen geworden.

 Dort, wo es um Natur geht, geht es um Schöpfung, und wo es um die Schöpfung geht, geht es um Religion.
Abt Emmanuel Jungclaussen OSB beim 2. Internationalen Donaukongress 1993

Zum Geleit

Liebe Leserin, lieber Leser,

Sie haben ein Buch in Ihren Händen, das von Kampf und von Hoffnung, von Ermutigung zur Ausdauer, von Freude und Dankbarkeit erzählen will.

Zuallererst von der Dankbarkeit und Freude, dass die Donau zwischen Straubing und Vilshofen weiter frei fließt. Nach über zwei Jahrzehnten anhaltendem politischen Ringen ist es gelungen, diesen Flussabschnitt mit seiner hohen ökologischen Bedeutung vor der Zerstörung durch Stauhaltung zu bewahren.

Dieses Buch zeugt von der Liebe vieler Menschen der niederbayerischen Region zu ihrem heimatlichen Strom. Diese Liebe führte sie zu vielfältigem Einsatz für seine Bewahrung.

Ein Ausdruck dieser Liebe sind auch die monatlichen Gebete am Donauufer. Das Buch will deren Ursprung und den Weg durch die politische Auseinandersetzung skizzieren. Dem folgen Kerntexte aus der jährlichen Ökumenischen Donausegnung am Fest der Taufe Jesu und Worte zum „Geheimnis des Strömenden". Wir verdanken sie Abt Emmanuel Jungclaussen OSB, Benediktinerabtei Niederaltaich, seiner Liebe zum lebendigen Fluss. Die weiteren Texte aus den monatlichen Gebeten können nur als Streiflichter von dem Weg durch fast drei Jahrzehnte verstanden werden. Ihre Fülle und Kreativität über all die Jahre ist zu groß, um nur annähernd einen Überblick geben zu können.

Treue Weggefährten waren bereit, einen „Zuruf" zu dieser Textsammlung beizutragen. Ihnen allen sei Dank gesagt.

Wegbegleiter gaben uns mit ihrer Erfahrung wertvolle Hilfestellungen zu der Erarbeitung dieses Buches, genannt seien vor allem Herr Konrad Haberger und Herr Werner Friedenberger. In der guten Zusammenarbeit mit Herrn Dionys Asenkerschbaumer kam es durch seine Gestaltung zu einer bereichernden Vertiefung in Form und Inhalt. Ihnen schulden wir besonderen Dank.

Dieses Buch geben wir in Kooperation mit den Freundinnen der Donau e.V. heraus, die uns die große Fülle ihrer Fotos aus ihren jährlichen Donaukalendern zur Verfügung gestellt haben. Wir bedanken uns ausdrücklich bei allen Fotografinnen und Fotografen.

Die Enzyklika „Laudato si'" von Papst Franziskus bestätigt und stärkt uns in unserem weiteren Einsatz für die Bewahrung der Schöpfung.

Ein Lesebuch voller Liebeserklärungen liegt vor Ihnen, liebe Leserin, lieber Leser. Wir wünschen Ihnen, dass Sie sich berühren lassen und mit einstimmen können in unser Lied, das uns weiter öffnen und wachsen lassen will in unserer Liebe, in unserer Wachsamkeit für die Schöpfung – und für die Donau.

Für den Ökumenischen Aktionskreis „Lebendige Donau"

Marlis Thalhammer   *Elfriede Maria Heining*

24. Juni 2022, am Fest Johannes des Täufers, Jahrestag des Beginns der Donaugebete in Niederalteich 1994

Von den „Freundinnen der Donau"

Seit 25 Jahren begleiten die Freundinnen der Donau mit einem Donaukalender den Einsatz für den Erhalt ihres heimatlichen Stromes. Ihr Ansinnen war von Beginn an, den Menschen in der Region die Schönheit der Flusslandschaft in Wort und vor allem durch Bilder nahezubringen.

In besonderer Weise waren wir schon früh mit dem *Ökumenischen Aktionskreis Lebendige Donau* verbunden, der jetzt dieses Buch *Das Geheimnis des Strömenden – Liebeserklärung an die frei fließende Donau* zusammengestellt hat.

Die Donaugebete haben viele Jahre lang den großen Strom wie mit einem Schutzmantel umhüllt. Die jährlich erschienenen Kalender mit den zwölf Fotografien waren wie die bunten Knöpfe dieses Mantels.

So dürfen wir jetzt in dankbarer Freude bei der Herausgabe dieses Buches mitwirken. Viele der ansprechenden Bilder in der vorliegenden Publikation sind den Donaukalendern der letzten 25 Jahre entnommen. Von den vielen Fotografinnen und Fotografen sei besonders Herr Josef Baumgartner hervorgehoben, der unsere Kalender über viele Jahre durch seine ansprechenden Naturaufnahmen so anziehend gemacht hat, genauso wie Frau Evi Pelzer und Frau Renate Franzel, die das Titelbild des Buches zur Verfügung gestellt hat.

Doch nicht nur die Donaukalender, sondern vor allem die von der Liebe zur Schöpfung und zu den Menschen getragene innere Haltung, die auch den Respekt vor dem politisch Andersdenkenden mit einschließt, hat die Zusammenarbeit mit dem *Ökumenischen Aktionskreis* geprägt und auch die Herausgabe dieses Buch ermöglicht. Für beides sind wir dankbar.

Anita Caterina Birnberger und Dr. Monika Vogl
für die Freundinnen der Donau e. V.

Jahresfeier der Kreuzsegnung, Juni 2008

Erinnern – Erzählen – Danken

Ein Gespräch zwischen Marlis Thalhammer und Elfriede-Maria Heining über einen langen Weg

Manche Leserin, mancher Leser mag sich erstaunt fragen: ein Buch für die frei fließende Donau? Was will das sagen? Sie fließt doch! Ja, sie fließt, aber vielfach verlangsamt und unterbrochen durch Stauwerke, ihr Flussbett eingezwängt in Betonkorsette. Das gilt sowohl ab Straubing flussaufwärts als auch von Passau flussabwärts. In seiner Ursprünglichkeit und Schönheit erleben wir unseren heimatlichen Strom in unserem Land neben dem einzigartigen Donaudurchbruch in Weltenburg nur noch zwischen Straubing und Vilshofen. Was Schöpfungsgebete beigetragen haben im Ringen um den Erhalt dieser letzten 70 km noch naturbelassener Donau, erzählen die folgenden Seiten.

Elfriede-Maria Heining und Marlis Thalhammer

Hintergünde

Ab 1992 ging es an die Verwirklichung der Planungen zum Ausbau der Donau zwischen Straubing und Vilshofen mit drei Staustufen und einem zehn Kilometer langen Seitenkanal von Osterhofen nach Pleinting. Damit begann damals eine große politische Auseinandersetzung in unserer niederbayerischen Region um die Ausbaupläne ...

Marlis Thalhammer: *Ja. Sie hat viele Menschen erfasst, in den Gemeinden, Landkreisen, Entscheidungsträger auf Landes- und Bundesebene und in den letzten Jahren vor 2013 auch auf EU-Ebene.*

Heftige Diskussionen erfassten Rathäuser, Vereine, aber auch Familien ...

Marlis Thalhammer: Sie wurden in den ersten Jahren sehr kontrovers und emotional geführt. Staustufenbe-

fürworter und -gegner standen sich in zwei Lagern unversöhnlich gegenüber. Die einen betonten die wirtschaftliche Notwendigkeit für eine maximale Verbesserung der Schifffahrtsbedingungen, da sie eine große Steigerung der Transportvolumen von den Balkanländern nach Mitteleuropa prognostizierten. Die anderen hatten vor allem die Zerstörung eines ökologisch hochwertigen Flussabschnittes von mitteleuropäischer Bedeutung im Blick.

Und daraus ist ein 21 Jahre dauernder Kampf geworden ...

Marlis Thalhammer: Ein langer Weg! Es war ein Ringen über die Jahre hinweg um sachliche, neutrale Gutachten zu Wirtschaftlichkeit und Umweltverträglichkeit der vorgelegten Pläne, Kampf um Offenlegung verschiedener Interessen, die dem Bauprojekt auch zugrunde lagen. Es ging ja um milliardenschwere Bauaufträge und Einnahmen durch Stromgewinnung. Dieses Ringen führte zu einer intensiven, sehr differenzierten und vielfach wissenschaftlich fundierten Güterabwägung für die Entscheidung. Die jährlichen Internationalen Donaukongresse des Bundes Naturschutz arbeiteten mit hoher fachlicher Kompetenz die ökologische Bedeutung der niederbayerischen Donau heraus und zeigten auf, wie die Schiffbarkeit auch mit sanften Ausbaumethoden wesentlich verbessert werden kann. Das war entscheidend in dieser politischen Auseinandersetzung: Es gibt eine Alternative zur Stauhaltung, den sanften, flussbaulichen Ausbau mit Buhnen und Leitwerken.Daneben wurden natürlich ständig verkehrspolitische Konzepte, die Unvorhersehbarkeit der Auswirkungen für die Landwirtschaft etc. diskutiert, ebenso der dringend nötige Hochwasserschutz, der gegen alle Zusagen immer wieder auf die endgültige Entscheidung zum Ausbau verschoben wurde, was sich dann bei der Hochwasserkatastrophe im Juni 2013 bitter rächte.

Elfriede-Maria Heining: Wir setzten uns ein, in der Bevölkerung deutlich zu machen, dass Stauhaltung der Tod für ein lebendiges Flussauen-Ökosystem bedeutet. Es ginge unwiederbringlich verloren. In uns war das Bewusstsein gewachsen, dass wir an der niederbayerischen Donau in einer lebendigen Arche Noah leben. Großartig, wenn wir bedenken, dass auf 0,4% unserer Landesfläche zwei Drittel aller Vogelarten und Zugvögel leben, über 50 davon auf der Roten Liste der bedrohten Arten. Von den 140 verschiedenen Pflanzengesellschaften mit 253 gebietsbedeutsamen Pflanzen stehen über 100 auf der Roten Liste. Von den 42 einheimischen Fischarten sind drei Viertel vom Aussterben bedroht. Sie alle sind in ihrer Existenz in irgendeiner Weise an den strömenden Fluss gebunden, an seine Dynamik der ständig wechselnden Wasserstände, an seine differenzierten Lebensräume an Kiesbänken und naturbelassenen Uferzonen. Wir haben die Donau als wahre

Das Jahrhunderthochwasser an der Donau im Juni 2013 in Niederaltaich

„Urmutter" der Artenvielfalt und Hüterin der vielfältigen Fauna und Flora tiefer verstehen, lieben und wertschätzen gelernt.

Die erste Ökumenische Donausegnung 1994

21 Jahre kämpfen, dazu braucht es Kraft, Ausdauer und einen langen Atem ...

Marlis Thalhammer: Das kann man wohl sagen! Dieser lange Atem nährte sich für uns wesentlich aus einem Impuls Abt Emmanuel Jungclaussens OSB, damaliger Abt der Benediktinerabtei Niederaltaich, als er bei der Gottesdienstfeier mit den Donaukongressteilnehmern 1993 predigend fragte: „Sollten wir nicht auch wie unsere orthodoxen Brüder und Schwestern am Fest der Taufe Jesu hinausziehen an unseren Fluss und ihn segnen?" Gesagt, getan! In selbstverständlicher ökumenischer Gemeinschaft lud er den damaligen evangelischen Pfarrer Norbert Stapfer von Hengersberg ein, die erste

Die Einweihung des Donaukreuzes im Juni 1995 durch Abt Emmanuel Jungclausen OSB und Dekan Reinhard von Loewenich

Ökumenische Donausegnung im Januar 1994 mit ihm zu vollziehen. Sie ist der Ursprung für alle weiteren Gebete an der Donau, von denen dieses Buch erzählt. Sie war ein entscheidender Meilenstein auf dem Weg. Am Anfang war der Segen!

Elfriede-Maria Heining: Bei der ersten Donausegnung im Januar 1994 mit ihren wirkmächtigen Segnungsworten fanden sich für uns alle überraschend fast 1000 Teilnehmerinnen und Teilnehmer ein. Es war ein starkes Signal, dass es ein großes Bedürfnis bei vielen Menschen gab, die bisher vor allem auf der materiellen, technokratischen Ebene geführten Auseinandersetzung auf eine neue, ganzheitlichere Sinn-Ebene zu erheben. Seither findet die Ökumenische Donausegnung jedes Jahr am Sonntag nach dem Dreikönigsfest im Januar statt. Das seit fast drei Jahrzehnten!

Marlis Thalhammer: Diese besondere Segensfeier hilft uns, in unserem Bewusstsein unserer Verantwortlichkeit als Christen für die Schöpfung Gottes weiter zu wachsen. Die unvergesslichen Worte zum „Geheimnis

des Strömenden", wie Abt Emmanuel es nannte, halfen uns, den Fluss als Sinnbild unseres Lebens zu verstehen. Das bleibt uns ein Vermächtnis.

Und wie kam es zu den Donaugebeten jeden Monat?

Marlis Thalhammer: Die große europäische ökumenische Bewegung der 1990er Jahre artikulierte als dringlichste gemeinsame Aufgabe aller Christen den Einsatz für Frieden, Gerechtigkeit und Bewahrung der Schöpfung. In der Auseinandersetzung um die Donau traf uns diese Aufforderung mitten ins Herz.

Elfriede-Maria Heining: Wir spürten förmlich, dass hier an der Donau ein Stück von Gottes Schöpfung unwiederbringlich zerstört wird.

Marlis Thalhammer: Drei kirchliche Gruppen in Niederalteich fühlten sich davon direkt angesprochen: Ein Bibel- und ein Herzensgebetskreis und der „Arbeitskreis Brasilien" der Katholischen Landvolkshochschule St. Gunther schlossen sich zum Ökumenischen Aktionskreis „Lebendige Donau" zusammen und entschieden mit weiteren Engagierten aus den benachbarten Gemein-

Donaugebet 1996 mit dem Kinderchor Niederalteich

den, auch während des Jahres zu Schöpfungsgebeten an die Donau einzuladen. So entstanden seit Juni 1994 in Niederalteich und seit 1996 in Oberalteich mit dem Arbeitskreis „Christen und Ökologie" die monatlichen Donaugebete. Sie werden bis heute von unterschiedlichsten Gruppen gestaltet. Dieses Buch gibt Zeugnis in den folgenden Kapiteln von deren Vielfalt.

Elfriede-Maria Heining: 1995 errichteten und segneten wir am Ort des Gebetes am Ufer der Donau ein sechs Meter hohes Kreuz. Mit den geschwungenen Querbalken, Wellen andeutend, verstehen wir es seither als Mahnmal der geschundenen Schöpfung und Zeichen unserer Hoffnung. Jedes Jahr im Juni gedenken wir dieser ersten Segensfeier.

Politischer Diskurs und Gebet

Politischer Kampf und Gebet, wie ging das zusammen?

Marlis Thalhammer: Wir haben unser Tun und Beten im Spannungsbogen von „Kampf und Kontemplation" verstanden, wie es uns in der Jugendzeit die Spiritualität von Taizé vermittelt hatte. Die politische Theologie spricht von „Politik und Mystik". Für viele Mitbürger und Mitbürgerinnen war es schwer zu verstehen, was unser Glaube mit Politik zu tun haben soll. Auch hohe politische Mandatsträger forderten, die Kirche dürfe sich nicht in die aktuelle Politik einmischen. Dagegen fühlten sich viele von denen, die zu den Donaugebeten kamen, gerade von dieser Verbindung angezogen.

Elfriede-Maria Heining: Es gab ja ein großes Auf und Ab im Ringen um die Entscheidung zum Donauausbau. Manchmal sah es wirklich so aus: „Alles ist eh schon entschieden! Da kann man doch nichts mehr machen". Viele in der Bevölkerung formulierten es so. Dieser allgemein verbreiteten, versteinerten Resignation immer neu Hoffnungskraft entgegenzusetzen, das war eine eigene

Herausforderung. Alles trugen wir in den Gebeten vor den Schöpfer hin, Enttäuschungen, Rückschläge, Aussichtslosigkeiten und Ohnmachtsgefühle, aber auch alle Freuden.

Marlis Thalhammer: Die Zeit damals war voll von verschiedensten Aktionen, Demonstrationen, Stellungnahmen, Leserbriefen, Unterschriftensammlungen, Diskussionsforen mit Politikern und Fachleuten, usw. Alles kam unterm Donaukreuz zur Sprache, als Fürbitte, als Dank, als Hoffnung.

Elfriede-Maria Heining: Manchmal fehlten uns auch die Worte. Ich erinnere mich noch an ein Donaugebet, bei dem wir keine andere Möglichkeit fanden, als unsere Betroffenheit als Schweigegebet vor Gott zu bringen.

Und dann kam im Februar 2013 die Entscheidung für den sanften Ausbau ohne Stauhaltung ...

Marlis Thalhammer: Dass es so lange gedauert hat, bis die Entscheidung fiel, lag daran, dass die Bayerische Staatsregierung den Bundestagsbeschluss von 2002, auf

Vielfältiger Einsatz für die Donau im Jahr 2010

Protestplakat „Auen sind Leben! Staustufen sind Tod!" des Bundes Naturschutz in Bayern e.V. aus dem Jahr 2011

Stauhaltungen an deutschen Flüssen künftig zu verzichten, nicht akzeptierte. Neue Raumordnungsverfahren und neue Gutachten auf europäischer Ebene waren die Folge. Inzwischen hatte sich gezeigt, dass die erwarteten Prognosen für das Transportaufkommen in keiner Weise eintraten und somit die Wirtschaftlichkeit zunehmend in Frage gestellt wurde. Die Donaubereisung von Ministerpräsident Horst Seehofer im Dezember 2012 versammelte nochmals den ganzen Verbund der vielen Engagierten, um ihrer Forderung nach einem sanften Ausbau einen starken Ausdruck zu verleihen. Bei der Ökumenischen Donausegnung im Januar 2013 setzte Landesbischof Heinrich Bedford-Strohm sechs Wochen vor der Entscheidung der bayerischen Staatsregierung für den sanften Donauausbau ohne Stauhaltung ein klares Signal der Kirche für die Bewahrung dieses kostbaren Donauabschnittes. Das waren aufregende Monate!

Elfriede-Maria Heining: Ich erinnere mich an das Dezembergebet vor der Entscheidung. Wir lasen aus dem Psalm 126: *„Wenn der HERR die Geschicke Zions wenden wird, so werden wir sein wie die Träumenden. Dann wird unser Mund voll Lachens und unsre Zunge voll Rühmens sein. Dann wird man sagen unter den Völkern: Der HERR hat Großes an ihnen getan. Der HERR hat Großes an uns getan, des sind wir fröhlich."* Diese Worte bereiteten uns vor auf die Freude über die Entscheidung, dass die Donau vor Stauhaltung bewahrt wird.

Dank

Und wie ging es nach der Entscheidung weiter?

Elfriede-Maria Heining: Da war erst einmal eine große Dankbarkeit! Uns war sehr schnell klar, dass wir jetzt nicht einfach mit dem Beten aufhören können. Wir zitierten oft ein Wort von Mutter Teresa von Kalkutta, die ja alle Mittel für ihr großes Werk von Gott erbeten und sich ganz seiner Vorsehung anvertraut hatte. Sie sagte, dass man für die Erfüllung einer Bitte solange danken soll, wie man vorher darum gebetet hat.

Marlis Thalhammer: Unsere Dankbarkeit wendet sich auch immer wieder Abt Emmanuel zu. Der Anstoß durch ihn, die politische Auseinandersetzung schöpfungstheologisch zu durchdringen, war einzigartig.

Elfriede-Maria Heining: Wir danken für die über 600 Donaugebete, jedes Mal in großer Kreativität neu und anders gestaltet von wohl weit über 100 verschiedenen Gruppen. Sie alle haben dazu beigetragen, die Donau von der rein materialistischen Betrachtungsweise als Bundeswasserstraße zur lebendigen Schöpfung umzudefinieren. Eine Masterarbeit über politische Diskurstheorien an der Universität Tübingen hat herausgearbeitet, dass dies der bayerischen Staatsregierung es immer schwerer gemacht hat, ihre Ausbaupläne zu verwirklichen.

Marlis Thalhammer: In unsere Dankbarkeit ist auch das breite, aktive Netzwerk von Bürgerinitiativen und für die Donau engagierten Gruppierungen in der Region eingeschlossen, in dem wir die großen Umweltverbände Bund Naturschutz und Landesbund für Vogelschutz in ihrer intensiven politischen Interessenvertretung unterstützen konnten. Es war ein großer und leidenschaftlicher Einsatz von ungezählten Menschen in unseren Landkreisen.

Elfriede-Maria Heining: In der Tiefe unseres Dankens liegt die Erfahrung über die „Wirkmacht des Gebetes", wie es Pfarrer Heinrich Blömecke im Aktionskreis oft formuliert.

Die Donaugebete heute

Sind die Donaugebete immer noch aktuell?

Elfriede-Maria Heining: Ja, sie haben nichts von ihrer Anziehungskraft verloren. Jetzt weitet sich der Horizont mehr und mehr, die Anliegen sind globaler geworden. Die Bedrohung der Schöpfung, vor allem auch durch den Klimawandel, wird zunehmend besorgniserregend. Die Enzyklika „Laudato si'" von Papst Franziskus ist zu einem starken Impulsgeber für die Donaugebete geworden.

Marlis Thalhammer: Zum Zeitpunkt der Entstehung dieses Buches erschüttert uns der Krieg mitten in Europa. Die Donau verbindet uns direkt mit der Ukraine als einen der zehn Anrainerstaaten. Das Thema Frieden wird in den Schöpfungsgebeten immer wichtiger. Bisher hatten wir Frieden als selbstverständlich vorausgesetzt. Der Dreiklang der Ökumenischen Bewegung „für Frieden, Gerechtigkeit und Bewahrung der Schöpfung" kommt uns in neuer Dringlichkeit entgegen.

Die Jahresfeier der Kreuzsegnung im Juni 2022 stand ganz im Zeichen der Bitte um Frieden für die Ukraine.

Bewahre Deinem Geschöpf,

unserer Donau, ihre Ursprünglichkeit, Schönheit und Kraft!

Erleuchte alle, Wege zu finden,

das Geheimnis des Strömenden nicht anzutasten!

Am Anfang war der Segen

Die jährliche Ökumenische Donausegnung am Fest der Taufe Jesu

„Als Christus in den Jordan stieg, gab er kund, dass er als Mensch ein Teil der Schöpfung ist so wie wir alle. Diese Schöpfung hat durch die Menschwerdung des Sohnes Gottes eine neue Bedeutung erhalten, indem sie auf die Begegnung mit Gott in neuer Weise hinweist. Diese Schöpfung ist uns als gläubigen Menschen anvertraut, dass wir sie dankbar hüten und bewahren, damit sie lebendiges Zeichen für die Begegnung mit dem lebendigen Gott bleibe und wir uns immer neu als Teil dieser Schöpfung verstehen, und damit auch unsere Verantwortung für sie erkennen. Das alles soll durch den feierlichen Flusssegen zum Ausdruck gebracht werden."

Hinführung zu den Segnungsworten

Ökumenische Donausegnung 2020 mit Pfarrer Heinrich Blömecke, Pfarrerin Astrid Sieber und Diakon Thomas Wollner
Vorherige Seite: Ökumenische Donausegnung 2017

Die Segnungsworte

Lasset uns beten zum Segen der Donau:
Groß bist Du, HERR, und wunderbar sind Deine Werke,
und kein Wort reicht aus, Deine Wunder zu besingen.
Denn Du hast durch Deinen Willen
das All aus dem Nichtsein ins Dasein geführt,
durch Deine Macht hältst Du die ganze Schöpfung zusammen,
und durch Deine Vorsehung ordnest Du die Welt.
Aus vier Elementen hast Du die Schöpfung gebildet,
mit vier Jahreszeiten den Kreis des Jahres gekrönt.
Vor Dir erzittern alle geistigen Kräfte;
Dir singt die Sonne,
Dich rühmt der Mond,
Dir dienen die Sterne!
Dir gehorcht das Licht,
vor Dir beben die Abgründe,
Dir dienen die Quellen.
Aber Du, der unbeschreibliche, anfanglose und unaussprechliche GOTT,
kamst auf diese Erde, indem Du Knechtsgestalt annahmst,
und wurdest wie ein Mensch.

So komm Du nun selbst, menschenliebender König,
durch die Herabkunft Deines HEILIGEN GEISTES
und heilige dieses Wasser,
und gib ihm die Gnadengabe der Erlösung, den Segen des Jordan!
Ja, Du Selbst, o Gebieter, heilige dieses Wasser
durch deinen HEILIGEN GEIST!

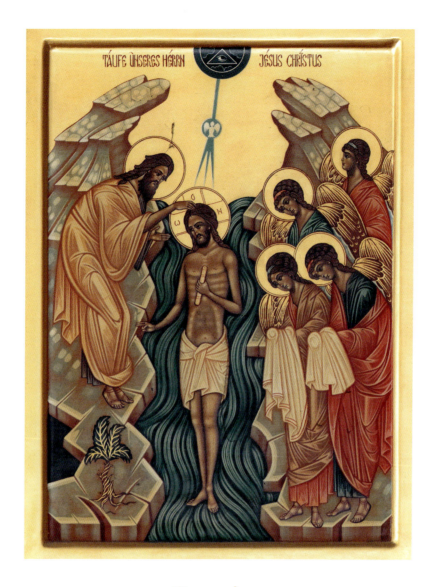

Troparion

Im Jordan wirst Du, Herr, getauft

und offenbar wird die Anbetung der Dreifaltigkeit.

Des Vaters Stimme Dich bezeugt, nennt Dich den geliebten Sohn.

Und der Geist in Gestalt einer Taube ist des Wortes Bekräftigung.

Erschienen bist Du, Christus, unser Gott, und erleuchtest die Welt,

Ehre sei Dir.

Fürbitten bei der Ökumenischen Donausegnung von 1994 bis 2013

Allmächtiger, Ewiger Gott! Bei der Taufe im Jordan kam der Heilige Geist auf unseren Herrn Jesus Christus herab, und Du hast Ihn als Deinen geliebten Sohn geoffenbart. Gib, dass auch wir, die aus dem Wasser und dem Heiligen Geist wiedergeboren sind, in Deinem Wohlgefallen stehen und als Deine Kinder aus der Fülle des Geistes leben. So bitten wir Dich:

1. Erfülle uns mit Dankbarkeit und Verantwortung für die Werke Deiner Schöpfung.

2. Bewahre Deinem Geschöpf, unserer Donau, ihre Ursprünglichkeit, Schönheit und Kraft!

3. Lenke ihren Lauf zum Wohle aller, die an ihren Ufern wohnen, und bewahre uns vor schädlichen Überschwemmungen!

4. Erleuchte alle, die vorrangig die wirtschaftliche Nutzung der Donau im Auge haben, damit sie Wege finden, das Geheimnis des Strömenden nicht anzutasten und das Leben, das damit verbunden ist, zu schützen!

5. Gib uns die Kraft und den Mut, im Dienst am Leben auch gegen den Strom eines gewinnsüchtigen Zeitgeistes zu schwimmen, und, wenn notwendig auch unter Opfer, uns für ein menschenwürdiges Leben aller einzusetzen!

Denn Du bist der Vater all Deiner Geschöpfe und willst ihr Bestes. Mache uns durch Deinen Sohn im Heiligen Geist zu Werkzeugen Deines Friedens und Deiner Güte, auf dass alle Welt Dich erkenne, anerkenne und verherrliche – jetzt und in Ewigkeit! Amen.

Fürbitten bei der Ökumenischen Donausegnung ab 2016

1. Allmächtiger Gott, der du in der Weite des Alls gegenwärtig bist und im kleinsten deiner Geschöpfe, der du alles, was existiert, mit deiner Zärtlichkeit umschließt, gieße uns die Kraft deiner Liebe ein, damit wir das Leben und die Schönheit hüten.

2. Überflute uns mit Frieden, damit wir als Brüder und Schwestern leben und niemandem schaden. Gott der Armen, hilf uns, die Verlassenen und Vergessenen dieser Erde, die so wertvoll sind in deinen Augen, zu retten.

3. Heile unser Leben, damit wir Beschützer der Welt sind und nicht Räuber, damit wir Schönheit säen und nicht Verseuchung und Zerstörung.

4. Rühre die Herzen derer an, die nur Gewinn suchen auf Kosten der Armen und der Erde.

5. Lehre uns, den Wert von allen Dingen zu entdecken und voll Bewunderung zu betrachten; zu erkennen, dass wir zutiefst verbunden sind mit allen Geschöpfen auf unserem Weg zu deinem unendlichen Licht.

6. Danke, dass du alle Tage bei uns bist. Ermutige uns bitte in unserem Kampf für Gerechtigkeit, Liebe und Frieden.

Nach dem „Gebet für unsere Erde" – aus der Enzyklika „Laudato si'" von Papst Franziskus

Vorherige Seite: Taufe Jesu, Ikone aus der byzantinischen St.-Nikolaus-Kirche Niederaltaich

Aus den Vespergottesdiensten bei der Ökumenischen Donausegnung

Das Kreuz in der Donau ...

Liebe Schwestern und Brüder, wir haben heute sein Kreuz ins Wasser geworfen. Was für ein Symbol! Wir dürfen uns vorstellen, dass mit dem Kreuz Jesu auch wir selbst in den Jordan oder in die Donau geworfen werden, damit wir in allen unseren Lebensbezügen tiefer erkennen können, wie wir IHN wirklich unseren Herrn sein lassen können, den Gärtner unserer Herzen und den König der ganzen Schöpfung.

Bischof Dr. Stefan Oster SDB, Passau,
25. Ökumenische Donausegnung 2018

„Seit 1994 feiern wir hier an der Donau das Lob des Schöpfers. Wir feiern seine lebendige Gegenwart inmitten der Vielfalt seiner Geschöpfe. Wir feiern seine lebendige Gegenwart inmitten des lebendigen Wassers der Donau." *Dr. Wolfgang Schürger, Umweltreferent der ev.-luth. Landeskirche Bayern, Ökumenische Donausegnung 2019*

HERR, unser Herrscher, wie herrlich ist dein Name in allen Landen …
(Psalm 8)

Es ist einer der ältesten Wege zu Gott:
sehen – staunen – danken und loben.

Der Psalmist beginnt mit dem Himmel –
vielleicht erinnern Sie sich an den Himmel
bei der Donausegnung vor einem Jahr:
dunkel und stürmisch,
mit einem hellen Streifen am Horizont,
der sich im Fluss spiegelte und ihn erhellte.

Der Fluss am Abend, der Gang durchs Dunkle
zur Basilika: Schaue – beobachte – staune – begreife!

Der Fluss im Jahreslauf: im Auf und Ab des Wassers,
die Ufer zartgrün und kräftig gefärbt,
bunt belaubt und in kahler Winterruhe.

Fische, Muscheln, Kleintiere,
die Ufer Rastplatz für Menschen und Tiere.
Auwälder, Rückzugsort für Leben:
Schaue – beobachte – staune – begreife!

Sonne, Wind, Regen, Schnee, Nebel, Sturm:
Schaue – beobachte – staune – begreife!

Fliehe nicht aus der Welt, sondern beobachte
und entdecke durch die Schöpfung hindurch
den Größeren.

Schaue – beobachte – staune – begreife!
Und dann danke und lobe.

Und schließlich: hege und pflege.
Auch damit lobst du den Schöpfer.

Herr, unser Herrscher,
wie herrlich ist dein Name in allen Landen.

Amen.

Ökumenische Donausegnung 2016
Pfarrerin Astrid Sieber, Hengersberg

„Was ist der Mensch, dass du seiner gedenkst, und des Menschen Kind, dass du dich seiner annimmst? Du hast ihn wenig niedriger gemacht als Gott …" (Psalm 8)

Die Worte des Psalms 8 hier in der Basilika in Niederalteich zu hören, ist etwas ganz Besonderes. Denn das Donaugebet in Niederalteich ist in den letzten zwei Jahrzehnten zu einem Ort geworden, wo all das, was in diesem Psalm steckt, vor Gott gebracht wird.

Schon in den 60er Jahren des letzten Jahrhunderts haben manche ökologisch orientierte Denker das Christentum für die immer deutlicher werdende Zerstörung der Natur verantwortlich gemacht. Carl Amery etwa schrieb ein Buch mit dem Titel: „Das Ende der Vorsehung. Die gnadenlosen Folgen des Christentums".

„Machet euch die Erde untertan" – dieser Satz aus der biblischen Schöpfungsgeschichte wurde zum Symbol einer Haltung der Herrschaft gegenüber der Natur, die geradewegs zu ihrer Ausbeutung und zunächst schleichenden und dann immer deutlicher offenbar werdenden Zerstörung führte.

Krasser konnte man die Worte der Bibel nicht missverstehen! Nie und nimmer geht das Lob über die Wunder der Schöpfung, das die biblischen Texte von vorne bis hinten zum Ausdruck bringen, mit der Vernichtung der Natur zusammen! Das Glück des Menschen liegt nicht in der Bemächtigung der Natur, sondern in der Verantwortung gegenüber der Natur.

Die Konsequenzen für uns heute sind gewaltig. Sie bedeuten nichts weniger als eine Umorientierung der Zivilisation. Eine Umorientierung von der Fixierung auf materiellen Wohlstand hin zu einer Neuentdeckung des Beziehungswohlstandes und des Naturwohlstandes.

„Was ist der Mensch, dass Du seiner gedenkst." Diese wunderbaren Worte aus Psalm 8 meinen uns! Sie geben uns eine Würde, die durch nichts weggenommen werden kann. Sie ermutigen uns, das zu leben, was wir schon sind:
Gottes gute Geschöpfe, die den Raum ausfüllen, den ihnen ihr Schöpfer gegeben hat.

Landesbischof Dr. Heinrich Bedford-Strohm, München, aus der Predigt zur 20. Ökumenischen Donausegnung 2013

Ökumenische Donausegnung 2013 mit (von links) Landesbischof Heinrich Bedford-Strohm, Pfarrer Alfons Eiber, Abt Emmanuel Jungclaussen OSB, Pfarrerin Sonja Sibbor-Heißmann und Dekan Eckhard Herrmann

" Von 2004 bis 2015 durfte ich die Donausegnungen mitgestalten, mit Abt Emmanuel und allen im Ökumenischen Aktionskreis ‚Lebendige Donau'. Im Laufe dieser etwa zehn Jahre wurde es eine Vielzahl an Donaugebeten, die ich mitprägen durfte. Unterm Wellenkreuz stehend auf die Donauwellen schauen: die Wellen der politischen Auseinandersetzung im Blick und die spirituelle und seelsorgerliche Bedeutung bedenken, anmahnen und feiern – gemeinsam mit vielen Menschen! Gerade ‚frisch' Pfarrerin geworden, war ich anfangs innerlich sehr damit beschäftigt, wie ich mich selbst positioniere und sprachfähig werde, auch in politische Fragen meinen Glauben hineinzutragen. Die Gespräche im Aktionskreis und die Donaugebete selbst, unser Ort des Donaugebets, genauso wie der immer wieder aufs Neue tief beeindruckende Lichterzug zur Basilika, die Worte, Gesänge und Taten bei der Donausegnung am Fluss, genauso wie die Vesper im Lichterglanz samt festlicher Musik haben mich dabei tief bewegt und geprägt. Und bis heute, jetzt von Passau aus, gelingt es ab und an, ein Donaugebet zu gestalten. Denn die Anliegen bleiben – Beziehungs-Wohlstand und Natur-Wohlstand in der Verantwortung vor Gott.

Pfarrerin Sonja Sibbor-Heißmann, Passau

Schöpfungsbegegnung als Gottesbegegnung

Jesu innerstes, wahres Wesen ist seine umfassende Beziehungsfähigkeit. Durch die Schöpfung will Christus selbst als schöpferisches Wort Gottes mit uns in Beziehung treten. Genau das will auch die Segnung der Donau zum Ausdruck bringen: Schöpfungsbegegnung als Gottesbegegnung, Schöpfung als Sprache, als Wort Gottes und damit als Beziehungsmöglichkeit in einer ganz tiefen Weise.

Die Segnung der Donau oder von anderen Schöpfungswirklichkeiten hat letztlich nur dann einen Sinn, wenn wir selber durch eine beständige, ganz persönlich eingeübte Gebetsverbundenheit mit Christus umfassend wie er beziehungsfähig werden durch lebendiges, tätiges Mitgefühl und so selbst zum Segen werden für andere.

Abt Emmanuel Jungclaussen OSB,
aus: Ökumenische Donausegnung 2003

Sakramentale Würde der Erde

Die Erde ist mehr als Ressourcenpool, mehr als Plattform für Gewinnmaximierung oder Grund für Anlagen in Landbesitz oder Bodenschätze. Sie ist Schöpfung Gottes. Und Schöpfung bedeutet, dass der Ursprung von allem, was ist, in Gott liegt.

So ist Gewalt an der Schöpfung, an Mensch und Natur letztlich Gewalt auch an Gott.

Die Schöpfung ist ein Zeichen Gottes. Gottes Werk vergegenwärtigt sich in der Schöpfung – so gesehen hat die Erde sakramentale Würde.

Pfarrerin Sonja Sibbor-Heißmann, Hengersberg,
aus: Ökumenische Donausegnung 2010

Liebeserklärung Gottes ...

Jesu Taufe wird zum Tag der offenen Himmelstür. Friedensstiftende, lebensbejahende und – können wir hinzufügen – schöpfungsbewahrende Begeisterung kommt nicht von ungefähr, sondern direkt von oben, kommt von Gott.

Seitdem ist jede Taufe ein Stück Anteilgabe an diesem Stück Himmel auf Erden.

Uns allen gilt – seit jenem Tag am Jordan – die Liebeserklärung Gottes, sein „Ja" zu uns, so wie wir sind, und dort, wo wir leben.

Dekan Eckhard Herrmann, Regensburg,
aus: Ökumenische Donausegnung 2015

Segensworte zum Abschluss des Vespergottesdienstes bei der Ökumenischen Donausegnung

Der HERR sagte zu Mose:
Sage zu Aaron, so soll der Segen lauten,
mit dem ihr die Israeliten segnet:

Der HERR segne euch und beschütze euch.
Der HERR lasse sein Angesicht über euch leuchten
und sei euch gnädig.
Der HERR wende euch sein Angesicht zu und schenke
euch Frieden und Heil.

So sollt ihr Meinen Namen auf alle – und alles legen,
und ich werde alle – und alles segnen.

nach Num 6,22–27

GOTT, die Quelle des Lebens,
er segne euch den Weg, den ihr nun geht.
Er segne das Ziel, für das ihr lebt.

Gottes Segen schenke euch die Kraft,
mit eurer Liebe Mauern zu überspringen,
Erstarrtes aufzulockern, Fließendes zuzulassen
und zu bewahren,
Verhärtetes aufzuweichen.

Gott schenke euch Fantasie und Mut,
Neues zu wagen, Ungewohntes zu riskieren
und Christus nachzufolgen.

Gottes Segen fließe durch euch.
Er bewege eure Hände und Füße,
damit ihr – von Gott gesegnet –
ein Segen seid für diese Welt.

So segne und behüte euch der Dreieinige Gott:
Vater, Sohn und Heiliger Geist. Amen.

Pfarrerin Astrid Sieber, Hengersberg

Das Kreuz an der Donau – Aus den Feiern zur Kreuzsegnung

Mensch sein heißt, dem Leben dienen ...

Dieses Kreuz hier sagt als erstes: Hier bei der Donau geht es um Gottes lebendige Schöpfung. Sie zu bewahren ist unserem Verantwortungsbewusstsein anheim gegeben. Denn Mensch sein heißt, dem Leben dienen. Als zweites aber sagt das Kreuz: Alles wirkliche Leben in dieser Schöpfung ist Widerspiegelung der Lebensfülle Gottes. Für die Sehnsucht des Menschen nach Entgrenzung und unendlichem Leben gibt es die Verheißung des ewigen, unzerstörbaren Lebens, zu dem wir, wie der Strom zum Meer, miteinander unterwegs sind.

Abt Emmanuel Jungclaussen OSB,
aus: Segensfeier des Donaukreuzes, Mai 1995

Warten auf die Erlösung

Auch die Schöpfung soll von der Sklaverei und Verlorenheit befreit werden zur Freiheit und Herrlichkeit der Kinder Gottes. Denn wir wissen, dass die gesamte Schöpfung bis zum heutigen Tag seufzt und in Geburtswehen liegt. Aber auch wir, obwohl wir als Erstlingsgabe den Geist haben, seufzen in unserem Herzen und warten auf die Einsetzung in die Kindschaft, die Erlösung unseres Leibes. (Röm 8,21–23)

Lesung bei der Segensfeier des Donaukreuzes
und bei vielen weiteren Donaugebeten

Für mich bedeutet die Teilnahme an und die Mitgestaltung der Donaugebete Treue und Verantwortung für die Schöpfung. Unsere frei fließende Donau ist es als Naturerbe wert, dass wir für ihren Erhalt beten und uns in Gemeinschaft gegenseitig stärken. Im Miteinander fällt vielen Menschen das Engagement für eine gute Sache leichter als alleine. So ist und war es mir als Mitglied des Chorkreises Rainer Gaschler, jetzt Chorkreis Niederalteich e. V. unter Leitung von Alexander Gsödl, stets eine Freude, die Jahresfeier der Kreuzsegnung im Juni musikalisch mitzugestalten. Als langjährige Ministrantin war es mir eine besondere Ehre, bei der jährlichen Donausegnung zu ministrieren. Donaugebet bedeutet für mich auch Tradition. So wie die Feste im Kirchenjahr das Jahr strukturieren und den Alltag unterbrechen, so schließt auch das Donaugebet am letzten Sonntag im Monat einen Kreis. Ich freue mich immer, wenn ich zum Gebet am Fluss komme und bekannte Gesichter aus Nah und Fern sehe, die treu jeder Witterung trotzen. Besonders lebendig ist es dann, wenn Jugendgruppen und Firmlinge die Schöpfungsgebete gestalten. Doch Tradition braucht treuen Nachwuchs. Ich spüre die Hoffnung meiner Eltern- und Großelterngeneration, dass junge Menschen früh genug ein Bewusstsein für die Glanzlichter der Schöpfung verinnerlichen und begonnene Wege fortsetzen. Mein Beitrag dazu ist die jährliche Mitgestaltung des Donaukalenders.

Mirjam Sigl, Niederwinkling

„Das Meer brause und was darinnen ist, die Ströme sollen frohlocken vor dem Herrn"
(Psalm 98)

„Frohlockende Ströme" An den Ufern der Donau wollen wir das neu hören und uns zu Herzen nehmen. Wollen mithelfen, dass diese Freudenmelodie, der Dankchoral der Ströme und Flüsse, auch das Frohlocken der Donau, nicht vollends zur Trauer- und Sterbemelodie wird. Denn wo das Loblied der Schöpfung verstummt, da wird nicht nur Gott seines Lobes beraubt, da verarmt und verelendet der Mensch selber; da verliert auch in der Seele, im Herzen des Menschen, das Lob der Schöpfung seinen Widerhall, da werden auch Herz und Seele stumm.

Die Blindheit des modernen Menschen für Gott, sein Unglaube, seine Verschlossenheit in sich selbst – es hat auch darin seinen wesentlichen Grund und seine Ursache: in jenem von ihm, dem Menschen, verschuldeten Verstummen der Schöpfung.

Wir schauen auf zum Kreuz. Zum Zeichen der Hoffnung. Zum Zeichen unserer Berufung und zum Zeichen der Berufung aller Kreatur: der Berufung zur herrlichen Freiheit der Kinder Gottes, Freiheit seiner neuen Welt.

Angesichts dieser Berufung sollen, dürfen wir frohlocken und in die Hände klatschen; uns vereinen mit dem Lobgesang, mit dem Händeklatschen der Schöpfung, auch der Flüsse, auch dieses Flusses. Und wir dürfen dann mutig und fröhlich Hand und Hände neu anlegen im Kampf und Dienst um die Bewahrung der Schöpfung. Gott helfe uns dazu.
Amen.

Dekan Reinhard von Loewenich, Regensburg,
aus: Segensfeier des Donaukreuzes, Mai 1995

Segensgebet

Gott, Du unser Schöpfer,
Du Ursprung allen Lebens,
segne uns und alle Menschen,
die sich unter diesem Kreuz
als Hoffnungszeichen versammeln.
Lass uns wachsen im Erkennen,
dass Du die Bewahrung, Erlösung
und Heiligung Deiner Schöpfung
unserer Mitverantwortung anheim gegeben hast.

Segne uns,
wenn wir dir alle unsere Freuden und Schmerzen
im Bemühen um Deine heilige Schöpfung darbringen.
Wir vertrauen, Du erhörst uns, wenn wir bitten,
klagen, loben und danken.
Stärke uns, dass wir nicht nachlassen,
die Donau und die ganze Schöpfung
in unseren Gebeten immer wieder neu
Deinem Schutz anheimzugeben.
Das Geheimnis des Strömenden,
das Geheimnis allen Lebens an sich
möge uns allen erfahrbar
und schützenswert bleiben.
Alles ist Dein, Dein ist alles.

Im Namen des Vaters und des Sohnes
und des Heiligen Geistes.

Amen.

Das Segensgebet wird jährlich im Juni – hier 2015 – bei der Jahresfeier der Kreuzsegnung gemeinsam gebetet.

„Denn das Wort vom Kreuz ist denen, die verlorengehen, Torheit; uns aber, die gerettet werden, ist es Gottes Kraft." (1 Kor 1,18)

Wenn wir vor dem Kreuz stehen, sind wir aufgerufen, tief in sein großes Geheimnis einzutreten. Das Geheimnis des Kreuzes, obwohl es schwierig zu ergründen und anzunehmen ist, steht als Forderung vor uns. Es fordert unser Gewissen heraus und durchdringt es als lebendige Erfahrung.

Vor jeder edlen hohen Errungenschaft liegt das Opfer, und sein Zeichen ist das Kreuz. Und wenn wir wollen, dass unsere Anstrengung, aus der Donau einen Strom des Lebens zu machen, von Erfolg gekrönt ist, dann muss jeder von uns Opfer bringen. Dieses Opfer ist Zeichen unserer Stärke und bringt von selbst Segen und Vereinigung mit Gott hervor, die alle Hindernisse überwinden kann und die das erreichen kann, was wir nicht anders als ein Wunder bezeichnen können.

Seine Allheiligkeit, der Ökumenische Patriarch Bartholomaios I. von Konstantinopel bei der Eröffnung des Internationalen Symposiums „A river of life" am Donaukreuz im Oktober 1999

99 Das Leben an der frei fließenden Donau ist für uns von großem Wert und ein großes Anliegen. Mit Freude binden wir jährlich zur Jahresfeier der Kreuzsegnung beim Junigebet eine immergrüne Efeugirlande, symbolisch für die Grünkraft der Erde, geziert mit duftenden Rosen, am Kreuz im Winde wehend. Das Donaukreuz, der Platz am Kreuz unter den Bäumen, die Donaugebete und Donausegnungen bedeuten für uns Gemeinschaft und Widerstand gegen Zerstörung, bedeuten uns Hoffnung auf Bewahrung der Schöpfung und ein Leben für und mit der Natur.

Rosmarie Hartung, Anna Bayer, Maria Kastenhuber, Niederalteich

Bei der denkwürdigen Feier am 17. Oktober 1999 segnete der Ökumenische Patriarch Bartholomaios I. von Konstantinopel die Donau.

Zwischenruf von der Ilz

Seit 1998 findet eine ökumenische Maiandacht mit Bittgang zum „Ilzkreuz mit Wellenbalken" statt. Sie wird veranstaltet vom Bayerischen Wald-Verein, Sektion Ruderting-Neukirchen vorm Wald, zusammen mit der katholischen Pfarrei Ruderting und der evangelischen Pfarrstelle Tiefenbach-Tittling. Ausgangspunkt ist die Dorfkapelle Fischhaus. Das Kreuz mit dem Wellenbalken – inspiriert vom Donaukreuz in Niederalteich – „soll uns erinnern an Gottes geplagte Schöpfung und uns mahnen, den Flüssen – und vor allem unserer Ilz – ihre Ursprünglichkeit und Lebendigkeit zu lassen. Stauhaltung bedeutet Flusstod". Das Kreuz steht für eine frei fließende Ilz, die in den letzten Jahrzehnten des letzten Jahrhunderts mehrfach durch Kraftwerksbaupläne bedroht war. Versehen wurde das Kreuz mit dem Spruch des Häuptlings Seattle: „Die Flüsse sind unsere Brüder und eure. Und ihr müsst den Flüssen eure Güte zukommen lassen, die ihr jedem Bruder gewährt" Weil die Ilz auf ihrem 65 km langen Weg vom Rachel bis zur Donau abschnittsweise Wildwasser ähnlich daher kommt, fielen die Wellen des Querbalkens kräftiger aus.

Als dann die Ilz in den Jahren 2002/2003 zu Deutschlands Flusslandschaft des Jahres nominiert wurde, entstand die Idee, nach dem Vorbild der Ökumenischen Donausegnung in Niederalteich eine Segnung der Ilz vorzunehmen, immer auch am Fest der Taufe des Herrn. Motor war der damalige Rudertinger Pfarrer Markus Krell. Der Bayerische Wald-Verein und die evangelische Gemeinde waren gleich mit Feuer und Flamme dabei. Als Veranstalter kam noch die Katholische Landvolkbewegung DV Passau hinzu. Weil der Weg zum Ilzkreuz im Winter oft vereist und gefährlich ist, wird die Segnung am Badeplatz in Fischhaus vorgenommen.

Unterbrochen nur 2021 durch die Corona-Pandemie finden sich jedes Jahr immer wieder Christen und Freunde der Ilz und der Natur ein, die sich durch Texte und Gebete ansprechen und inspirieren lassen. Markus Krell hat später als Pfarrer von Röhrnbach auch die Fluss-Segnung der Ohe – einem Nebenfluss der Ilz – eingeführt.

Johannes Schmidt, Sittenberg

ÜberLebensMittel Wasser

Unzählbar sind die Melodien des Wassers, sie reichen vom Brüllen sturmgepeitschter Meere, dem Tosen berghang-stürzender Katarakte und dem Grollen herannahender Ungewitter über das Rauschen und Plätschern schnell fließender Bäche, das ruhige Gemurmel breiter Flüsse und das Rieseln sprudelnder Quellen bis zum leisen Stakkato fallender Tropfen, dem milden Glucksen auslaufender Wellen am nächtlichen Strand und der fast tonlosen Stille glatter Teiche im mittäglichen Sonnenlicht.

Unzählbar sind die Auswirkungen des Wassers auf unsere Erde. Es schenkt unserem Planeten sein faszinierendes Blau in den Fernen des Weltalls. Seit unvorstellbaren Zeiten formt es seine Landschaften. Es bohrt sich durch hartes Gestein, schuf sich Täler und Schluchten, trägt Sand und Geröll von den Bergen ins Flachland. Gezeiten und brechende Wellen gaben den Küsten ihre Gestalt. Wasser bedeckt unsere Mutter Erde mit Ozeanen, Seen, Gletschern und Eisdecken. Es durchzieht sie gleich Adern mit Flüssen, Bächen, Rinnsalen und unterirdisch fließenden Grundwassern. Es verdunstet und kehrt als Regen, Schnee und Hagel wieder zu ihr zurück, um auf ihr Leben erneut zu schenken: die Millionen von Pflanzen- und Tierarten. Alles, Flora und Fauna, jedes einzelne Lebewesen, könnte ohne Wasser nicht bestehen.

Unzählbar sind die Auswirkungen des Wassers auf mich. Das Innere meiner Körperzellen ist von Wasser durchtränkt, mein Blut, das über neun Zehntel aus Wasser besteht, trägt wertvolle Nährstoffe in alle meine Organe. Wasser stillt meinen Durst, und ich lasse es mit Lust meine Kehle hinunterrinnen. Ich entstamme dem Wasser, so lange ich lebe. Wir wischen uns in den Mühen des Lebens oftmals den Schweiß von der Stirn; Wasser rinnt uns in Freude und Leid als Tränen über die Wangen. Wasser spiegelt unsere Emotionen wider und hat großen Einfluss auf sie: der Anblick von Wasser kann uns Furcht einflößen, sein Klang uns beruhigen. Und auf dem Sterbebett werden wir – das gebe Gott – wünschen, ahnend-hoffen oder glauben, dass es wahr sei, was der Dichterfürst Johann Wolfgang von Goethe einst schrieb:

> „Des Menschen Seele
> gleicht dem Wasser:
> Vom Himmel kommt es,
> Zum Himmel steigt es."

Meditation anlässlich der Ilz-Segnung 2017 in Fischhaus-Ruderting; nach Alexander Lohner, „ÜberLebensMittel Wasser", hrsg. v. Misereor Deutschland; KEB Deutschland, ZASS der KAB

Seite gegenüber: Ökumenische Maiandacht und Bittgang zum Ilzkreuz bei Fischhaus (li.); Pfarrer Markus Krell und sein evangelischer Kollege Pfarrer Thomas Plesch bei der Ilz-Segnung 2020 (re.)

Das Geheimnis des Strömenden

Komm mit! Komm mit! Lass dich los

Ich möchte Sie gern bitten, dass Sie einen Augenblick ganz still werden, dass Sie ganz Auge werden, ganz Ohr werden hin zur Donau. Versuchen Sie einmal die Sprache der Kreatur zu vernehmen. Hier das Geheimnis des Strömenden:

Unaufhörlich strömen die Wasser, jenes Urelement, aus dem einst nach biblischem Bericht die Schöpfung hervorging. Element des Lebendigen, aber auch Sinnbild der Vergänglichkeit, ja sogar Sinnbild der Verwandlung durch den Tod. Der Strom, als das Bild des Immergleichen – Fließen und Strömen – und zugleich Bild der beständigen Veränderung – Wirbel und Wellen, Auftauchen und Niedersinken.

Und wer von Ihnen dicht ans strömende Wasser tritt und länger hineinschaut, fühlt sich geheimnisvoll im eigenen Inneren angesprochen, wie die Weisen aller Zeiten. So als würden die Stimmen des Stromes flüstern und rufen: „Komm mit! Komm mit! Lass dich los und lass dich ein! Komm mit auf die schier endlos scheinende Reise, die einmündet ins Meer, ins Grenzenlose." Die Sehnsucht des Menschen nach Entgrenzung und nach dem Unendlichen wird durch das Ursymbol des frei fließenden Stromes geweckt.

Wenn in dieser Stunde mein evangelischer Amtsbruder mit mir zusammen dieses Kreuz für Sie alle und mit Ihnen allen segnen wird, dann ist damit endgültig ein Glaubenssymbol errichtet, dessen Botschaft in innigster Verbindung mit der Symbolsprache des Stromes steht.

Abt Emmanuel Jungclaussen OSB,
aus: Segensfeier des Donaukreuzes, Mai 1995

 Das Donaugebet bedeutet für mich: Immer wieder aufs Neue zu lauschen auf den Atem der Schöpfung, mich dem Geheimnis des Strömenden zu überlassen. *Josef Kastenhuber, Niederalteich*

Flüsse – Sinnbild des Lebens

Flüsse sind eigenartige, einzigartige Naturphänomene.
Durch Ursprung und Ziel, Anfang und Ende
sind sie dem menschlichen Leben eng verwandt.
Als würden sie einen Lebensweg zurücklegen,
durchströmen sie unterschiedliche Landschaften,
ändern sie ihren Charakter, beweisen Temperament,
brausen auf, ziehen sich erschöpft zurück,
suchen und bahnen sich ihren Weg,
werden am Ende träge und verlieren sich zu guter Letzt
in der Unendlichkeit der Meere.

Nichts in der Natur eignet sich besser zum Sinnbild des Lebens –
der Vergänglichkeit des Lebens genauso wie des immerwährenden Lebens.
Ihr beständiges Strömen vermittelt uns das Gefühl der Dauer,
auch der fortwährenden Erneuerung, auch der Kraft und Fülle,
vor allem aber der Freiheit.

Und deshalb wünschen wir einem Fluss nicht,
dass er aufgestaut und zum Stillstand gebracht wird,
dass er gefesselt und in eine Zwangsjacke gesteckt wird.
Wir wünschen es ihm nicht,
weil wir es uns als Menschen selbst nicht wünschen.

Abt Emmanuel Jungclaussen OSB,
aus: „Der Strom meines Lebens", Leo Lindner Verlag

Das Wasser lehrt uns, wie wir leben sollen

Einen Weisen im alten China fragten einmal seine Schüler:
„Du stehst nun schon so lange vor diesem Fluss und schaust ins Wasser.
Was siehst du denn da?" Der Weise gab keine Antwort.
Er wandte den Blick nicht ab von dem unablässig strömenden Wasser.
Endlich sprach er:

„Das Wasser lehrt uns, wie wir leben sollen.
Es ist gütig und freigiebig: Wohin es fließt, bringt es Leben
und teilt sich aus an alle, die seiner bedürfen.
Es ist gerecht: Die Unebenheiten des Geländes versteht es auszugleichen.
Es ist mutig: Ohne zu zögern in seinem Lauf,
stürzt es sich über Steilwände in die Tiefe.
Es ist weise: Seine Oberfläche ist glatt und ebenmäßig,
aber es kann verborgene Tiefen bilden.
Es ist verträglich: Felsen, die ihm im Lauf entgegenstehen, umfließt es.
Es ist ausdauernd: Seine sanfte Kraft ist Tag und Nacht am Werk,
das Hindernis zu beseitigen.
Es ist zielbewusst: Wie viele Windungen es auch nehmen muss,
niemals verliert es die Richtung zu seinem ewigen Ziel, dem Meer,
aus dem Auge."

Arbeitskreis „Christen und Ökologie", aus: Donaugebet, September 1999 in Oberalteich

Mehr

Wenn Du im Sommer Zeit hast, fahr an die Donau, setz Dich ans Ufer und schau in den vorbeiziehenden Strom. Du wirst Dein eigenes Leben entdecken und zugleich ruhig werden: denn dieses Leben mündet in das Meer, oder besser gesagt in das *Mehr* – und dieses *Mehr* ist Gott.

Dompropst Dr. Michael Bär, Passau,
aus: „Die Donau – ein heiliger Strom?" Jungkolping-Rundbrief 2/95

Zärtlich blickte er ins Wasser

An diesem Fluss will ich bleiben, dachte Siddhartha. Zärtlich blickte er in das Wasser. Wie liebte er dieses Wasser, wie entzückte es ihn, wie war es ihm dankbar! Im Herzen hörte er die Stimmen sprechen, die neu erwachten und zu ihm sagten: Liebe dies Wasser! Bleibe bei ihm! Lerne von ihm! O ja! Er wollte von ihm lernen, er wollte ihm zuhören. Wer dies Wasser und seine Geheimnisse verstünde, so schien ihm, der würde auch viel Anderes verstehen, viele Geheimnisse, alle Geheimnisse. Von den Geheimnissen des Flusses aber sah er heute nur eines, das ergriff seine Seele. Er sah: Dieses Wasser lief und lief, immerzu lief es, und war doch immer da, war immer und alle Zeit dasselbe und doch jeden Augenblick neu!

Aus: Hermann Hesse, Siddhartha

Strömung, das ist diejenige Eigenschaft des Flusses, die ihn lebendig und natürlich macht. Das heißt, sie gibt dem Fluss diese Stimmen, wie wir es gerade bei Siddhartha gehört haben: Siddhartha hört den Fluss lachen, weinen, er hat es gelernt, ihm zuzuhören und ihn zu verstehen. Die Strömung gibt dem Fluss einen Klang, lässt ihn rauschen, was ihm so eine beruhigende und heilsame Wirkung gibt. Und der Fluss bekommt durch die Strömung die Kraft, diese Naturgewalt, die es ihm möglich macht, sich einen Weg durch die Erde zu graben, Steine zu glätten und sein lebenbringendes Wasser weit in das Land hinein in die Erde zu drücken und damit zu versorgen.

Solch ein göttlicher und natürlicher Lebensraum würde durch einen Stau der Donau zerstört werden, der Fluss würde schweigend und tot werden, seine natürliche Kraft wäre eingedämmt und alles Lebendige, das davon abhängig ist, wäre mit betroffen.

Eine ähnliche Situation gibt es bei uns Menschen. Auch in uns fließt viel, fließen Ideen, Gedanken, fließt Kraft und Energie. Und auch wir sind lebendig, wenn wir das alles anwenden, es für ein bestimmtes Ziel einzusetzen.

Jetzt geht es darum, gemeinsam für den Erhalt der Schöpfung zu sorgen, die uns allen heilig ist, für die Donau, die für uns ein göttlicher Teil unserer Heimat ist.

Monika Rehrl, Katholische Landjugend Niederalteich,
aus: Donaugebet April 1995

" Die Donau. Ich liebe es sehr, bei Niederalteich am Fluss entlang zu gehen. Die Weiden schimmern silbern, manchmal stehen Schafe am gegenüberliegenden Ufer, ich kann auf die Kiesbänke und mit den Füßen ins erfrischende Wasser steigen. Besonders liebe ich das Donaukreuz. Hier kann man stehen, sitzen – unter den Bäumen, wie in einer Kirche unter freiem Himmel. Durchbetet ist dieser Ort: seit über 20 Jahren jeden Monat von Menschen, die für die Donau und die Schöpfung beten – ich meine, man spürt das. Ich stehe und werde still – und fühle die Verbundenheit mit der ganzen Welt durch das Wasser, das die Donau herabfließt. Das Schwarze Meer, von da aus das Mittelmeer, der Atlantik – am Fluss bin ich durch das Wasser verbunden mit dem Amazonasdelta wie mit den Küsten Alaskas und dem Jangtse in China. Beten für die frei fließende Donau: für mich ist das zugleich Beten für die ganze Welt.

Pfarrerin Astrid Sieber, Hengersberg

Lasst es fließen, lasst es fließen ...

Sie kennen das sicher auch, dieses Gefühl: Es stimmt einfach. So und nicht anders muss es sein. Mir ging es von Anfang an und mir geht es immer wieder so, wenn ich das Donaukreuz sehe oder daran denke: Das passt in wirklich jeder Hinsicht. Ein Holzkreuz am Ufer der Donau, dort, wo Sie sich nun schon seit so vielen Jahren treffen, und als Querbalken die Welle, das Fließende, das frei Fließende, das, wofür Sie sich einsetzen, wobei Sie bleiben, was Sie schützen und verteidigen, als wäre es ein Teil von Ihnen selbst. Als ob Sie ohne dieses Fließende, ohne diese frei fließende Donau selbst verkümmern, vertrocknen, erstarren würden.

Das Gleichnis von der von selbst Frucht bringenden Erde sagt uns: Lasst es fließen, lasst es fließen zwischen euch und der Welt, zwischen der Welt und euch, spürt den großen göttlichen Zusammenhang, in dem sich alles bewegt. Unterbrecht ihn nicht, stört ihn nicht, versucht nicht, ihn zu manipulieren. Stellt euch vielmehr selber hinein in diesen Strom des Lebens, lasst euch von ihm anrühren und bewegen. Fern ist dann die Gewalt, fern sind Konkurrenz und Profitstreben, Ausbeutung und Unterdrückung. Wir würden in einer Welt leben, in der alle Menschen in ihrer Vielfalt das gleiche Recht und die gleichen Möglichkeiten haben. Alle Menschen könnten sich mit ihren Fähigkeiten einbringen, um diese gemeinsame Welt immer wieder neu zu schaffen und zu gestalten. Wenn wir weltverbunden leben, dann sprudelt das Recht wie Wasser, die Gerechtigkeit wie ein unversiegender Bach, niemand hätte zu viel und niemand zu wenig, dann spüren wir, wie sehr gerade auch durch die Kinder unser Leben wieder lebendig wird. Sie stünden im Mittelpunkt unserer Gesellschaft. Wenn wir die Welt als Reich Gottes empfinden und uns für sie öffnen, kommt das Erstarrte in Fluss, werden wir von aller Weltentfremdung geheilt. In all diesen Momenten, immer dann ist das Reich Gottes mitten unter uns – hier und jetzt. Amen

Pfarrer Dr. Claus Petersen, Nürnberg,
aus: Jahresfeier Kreuzsegnung Juni 2017

> ‚Freude für das Herz, Licht für die Augen, Heilung, Leben, Segen'. Diese Worte aus dem Buch Jesus Sirach sagen, was für mich das Donaugebet ist: Unterm Kreuz auf das strömende Wasser blickend, werden Vergangenheit, Gegenwart und Zukunft für mich eins.
>
> *Doris Plankl, Pleinting*

Über-strömend

Seit 1994
ringen engagierte Menschen
um den Erhalt der frei fließenden Donau
zwischen Straubing und Vilshofen –
mit Gebeten,
mit Gesängen,
mit Diskussionen und Tagungen.
Hartnäckig der Sache wegen,
voller Liebe zur bedrohten Schöpfung,
sich der bedrohten Umwelt bewusst.
Warum dieser Einsatz,
diese Anstrengung,
dieses fast verzweifelte sich Aufbäumen?
Das Ökosystem Donau
mit seinen Altwässern ist bedroht,
die Fließgeschwindigkeit wird beeinträchtigt,
die Vogelwelt verliert wichtige Brut- und Lebensstätten,
die Natur wird verletzt, lebensgefährlich, vielleicht tödlich.
Und überhaupt ist die frei fließende Donau
ein schönes Bild für das menschliche Leben:
immer im Fluss,
strömend, über-strömend vor Lebensfreude,
nicht immer gerade verlaufend,
sondern in Bögen und Windungen.
Warum will sich der Mensch
wieder als Herr und Sieger über die Natur aufspielen?
Nein, Demut ist gefragt,
Mut zum Dienen
der wunderbaren Mutter Erde,
der großartigen Schöpfung,
der von Gott gegebenen Umwelt und Natur.

*Pfarrer Markus Krell mit dem Sachausschuss Schöpfung und Umwelt
des Diözesanrats Passau, aus: Jahresfeier der Kreuzsegnung Juni 2012*

Lernen

Von der Sonne lernen zu wärmen,
von den Wolken lernen leicht zu schweben,
vom Wind lernen Anstöße zu geben,
von den Vögeln lernen Höhe zu gewinnen,
von den Bäumen lernen standhaft zu sein.
Von den Blumen das Leuchten lernen,
von den Steinen das Bleiben lernen,
von den Büschen im Frühling Erneuerung lernen,
von den Blättern im Herbst das Fallenlassen lernen,
vom Sturm die Leidenschaft lernen.
Vom Regen lernen sich zu verströmen,
von der Erde lernen mütterlich zu sein,
vom Mond lernen sich zu verändern,
von den Sternen lernen einer von vielen zu sein,
von den Jahreszeiten lernen,
dass das Leben immer von neuem beginnt.

Firmlinge aus Winzer, aus: Donaugebet April 2017

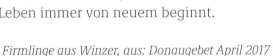Flüsse sind wie die Adern eines lebenden Organismus. So wie das Blut des Menschen jede Körperzelle erreicht, so ist das Wasser der Flüsse in ewigem Austausch mit allen Regionen des Leibes dieser Erde. – Wasser ändert seine Struktur, wenn es ‚besprochen‘ wird. Dies hat der japanische Forscher Emoto mit Fotografien belegt. Immer wieder habe ich, ehe ich im Fluss badete – meist in der Ilz –, den Segen des Himmels herabgerufen und mich bedankt bei der Strömenden. So ist für mich auch die Donausegnung durch den Priester, sind die Gebete und Gesänge der Menschen am Wasser ein Akt der Heilung für die ganze Erde. Ich sehe im Wasserelement eine weibliche Kraft. Anerkannte Wallfahrtsorte an Quellen, wie z. B. in Lourdes, wissen von Erscheinungen einer Frau ...

Marianne Stockinger, Passau

Die Auwälder – das Gold unseres Jahrhunderts

Flüsse und Länder sind Teil der Schöpfung Gottes. Flüsse sind ein Geschenk Gottes. Auwälder sind das Brot und das Salz bei der Begegnung von Fluss und Land. Sie sind ein gastfreundliches Lächeln der Schöpfung.

Auwälder und Überschwemmungsgebiete geben durch ihre lebendige Fluktuation zwischen Land und Wasser einer großen und einmaligen Anzahl von Pflanzen und Tieren Heimat. Sie dienen Vögeln auf ihren Flugrouten als Futter- und Rastplatz. Die eng miteinander verbundenen Seitenarme in den Auwäldern dienen den Fischen als Laichplätze. Sie sind die natürlichen Wiegen für die Artenvielfalt der Fische.

Auwälder laden die Menschen ein, die Schönheit und den Überfluss der Schöpfung Gottes zu bewundern – indem sie die Herzen während der Zeit der Erholung wieder mit Liebe und Bewunderung erfüllen.

Außerdem dienen die Auwälder als Nieren des Wasserkörpers. Sie sind die Hüter und Garanten der Reinheit des Wassers. Auwälder beseitigen Stickstoff- und Phosphat-Verunreinigungen. Intakte Auwälder hüten die Verbindung zwischen den Flüssen und dem Grundwasser, das die Menschen für ihr Trinkwasser benötigen. Auwälder sichern das Trinkwasser für die kommenden Generationen – es wird das „Gold unseres Jahrhunderts" genannt.

Viele Männer und Frauen, die nicht zu einer religiösen Gemeinschaft gehören, bemühen sich um die Erhaltung der Umwelt. Christen haben einen besonderen Auftrag dazu, weil für sie die Schöpfung ein Akt der Liebe Gottes ist und sie sich entsprechend der göttlichen Vorsehung entwickelt.

Die Menschheit benutzt zurecht die Ressourcen, die uns für unsere täglichen Bedürfnisse anvertraut sind. Aber, schöne und multifunktionale Ökosysteme wie die Auwälder auseinanderzureißen und sie zu zerstören, bedeutet, dass wir unserer Verantwortung, uns um die Integrität der göttlichen Schöpfung zu kümmern, nicht gerecht werden. Das willentlich zu tun, ist Sünde, weil es eine undankbare Verweigerung einer Liebesgabe ist und weil es das Zusammenwirken und die Stabilität des Lebens auseinanderreißt.

Wir haben die heilige Pflicht, die Lebensfähigkeit der Ökosysteme zu erhalten. Wenn uns das nicht gelingt, geraten wir in die Gefahr, das Wohl und das Leben der kommenden Generationen zu gefährden. Es wird sie auch der Chance berauben, die Auwälder als Lächeln der Schöpfung wahrzunehmen, die auch ihr Gesicht lächeln lassen und ihrem Herzen eine dankbare Wärme geben könnte.

Christine von Weizsäcker (Bonn), Jasmin Bachmann (Wien), Bischof Hugh William Montefiore (England); Internationales Symposium „A River of Live" down the Danube to the Black Sea, eröffnet im Oktober 1999 am Donaukreuz mit dem Ökumenischen Patriarchen von Konstantinopel Bartolomaios I.

Donauauen – Altwasser bei Winzer

„Alles fließe von selbst – Gewalt sei ferne den Dingen', so lautete das Lebensmotto des großen Pädagogen des 17. Jahrhunderts, Johann Amos Comenius. Und genau so soll es sein im Reich Gottes. Jedes Kind soll aufwachsen und gedeihen, sich aus sich selbst heraus entfalten – ohne jede Gewalt. Das Recht muss sprudeln wie Wasser, die Gerechtigkeit wie ein unversieglicher Bach – für den Propheten Amos geradezu ein göttliches Naturgesetz. Aber auch ganz konkret: Frei soll die Donau auch weiterhin fließen dürfen, jedenfalls dort, wo man ihr noch keine Gewalt angetan hat. Am Ufer der Donau, zum Beispiel bei Niederalteich, empfinden wir die Schönheit der Gotteswelt, in der wir zu Hause sind. Sie zu feiern und dafür einzutreten, dass uns diese Kraft- und Lebensquelle nicht verloren geht, dafür stehen für mich die Donaugebete. Sie sind ein wunderbarer Ausdruck der Sakralität unserer Weltverbundenheit, die uns Jesus von Nazaret mit seiner Botschaft von der Gegenwart des Reiches Gottes vermitteln wollte.

Pfarrer Dr. Claus Petersen, Nürnberg

Das Strömende im politischen Diskurs

Gerne erinnere ich mich an die Zeit zurück, als wir in der Niederalteicher Jugendgruppe am Donauufer gestanden und Gebete gestaltet haben. Der über 20 Jahre andauernde Streit um den Donauausbau zwischen Straubing und Vilshofen hat mich früh politisiert. Seither beschäftige ich mich in Studium und Arbeit mit der Macht des politischen Diskurses.

Ausschlaggebend für politische Entscheidungen sind letztlich weder individuelle Macht noch Zwänge einer Struktur, sondern die Schaffung und Auseinandersetzung von kollektivem Sinn und Bedeutung. Dies stellt im Sinne der Politiktheorie nach Hannah Arendt und Michel Foucault den Wesenskern des Politischen dar.

Im Streit um den Donauausbau wurde dies konkret sichtbar. Sobald es den Gegnern des staugestützten Ausbaus gelungen war, die Bundeswasserstraße Donau zur Schöpfung umzudefinieren, ist es der christlich orientierten Staatsregierung immer schwieriger gefallen – mit einem konfrontativen Diskursansatz – ihre Pläne zu verwirklichen. Sinn ist immer konstruiert, ist einer beständigen Veränderung unterworfen, muss permanent artikuliert und neu ausgehandelt werden. Er kann durch gesellschaftlichen Konsens zwar mittelfristig stabilisiert – aber nie definitiv fixiert werden. Dieses Verständnis von Diskurs hat mich in vielerlei Hinsicht an das Strömende der Donau erinnert.

Die Auseinandersetzung um den Donauausbau hat gezeigt, dass durch Überzeugung und Motivation der Bevölkerung politische Indikatoren wie finanzielle Mittel, Zugang zu Entscheidungsträgern und die Macht der Technokratie ausgestochen werden können. Dabei war die Vielfalt und Heterogenität der Akteure im politischen Kampf enorm wichtig. Erst durch das Engagement breit gefächerter Netzwerke und vielfältiger Initiativen konnte ein neuer gesellschaftlicher Konsens im Verständnis der Donau geschaffen werden.

Der Kampf über zwei Jahrzehnte zeigt, dass sich politischer Einsatz lohnt, dass Veränderung im Denken und im Wahrnehmen möglich ist und dass es (politische) Wunder gibt! In Zeiten, in denen viele Menschen frustriert sind, entweder von den eigenen politischen Entscheidungsträgern oder aber auch von der eigenen Machtlosigkeit gegenüber politischen Prozessen, ist das Beispiel Donauausbau zwischen Straubing und Vilshofen ein Zeichen der Hoffnung. In diesem Sinne ist das Donaukreuz von einem „Mahnmal der geschundenen Natur und der gekreuzigten Schöpfung" wahrhaft zu einem „Zeichen der Hoffnung und Zuversicht" geworden.

Martin Thalhammer, Niederalteich

Gegenüberliegende Seite: „Donau 2000", vier Tage für einen lebendigen Fluss, Juni 2000

Donaugebete zwischen Kampf und Kontemplation

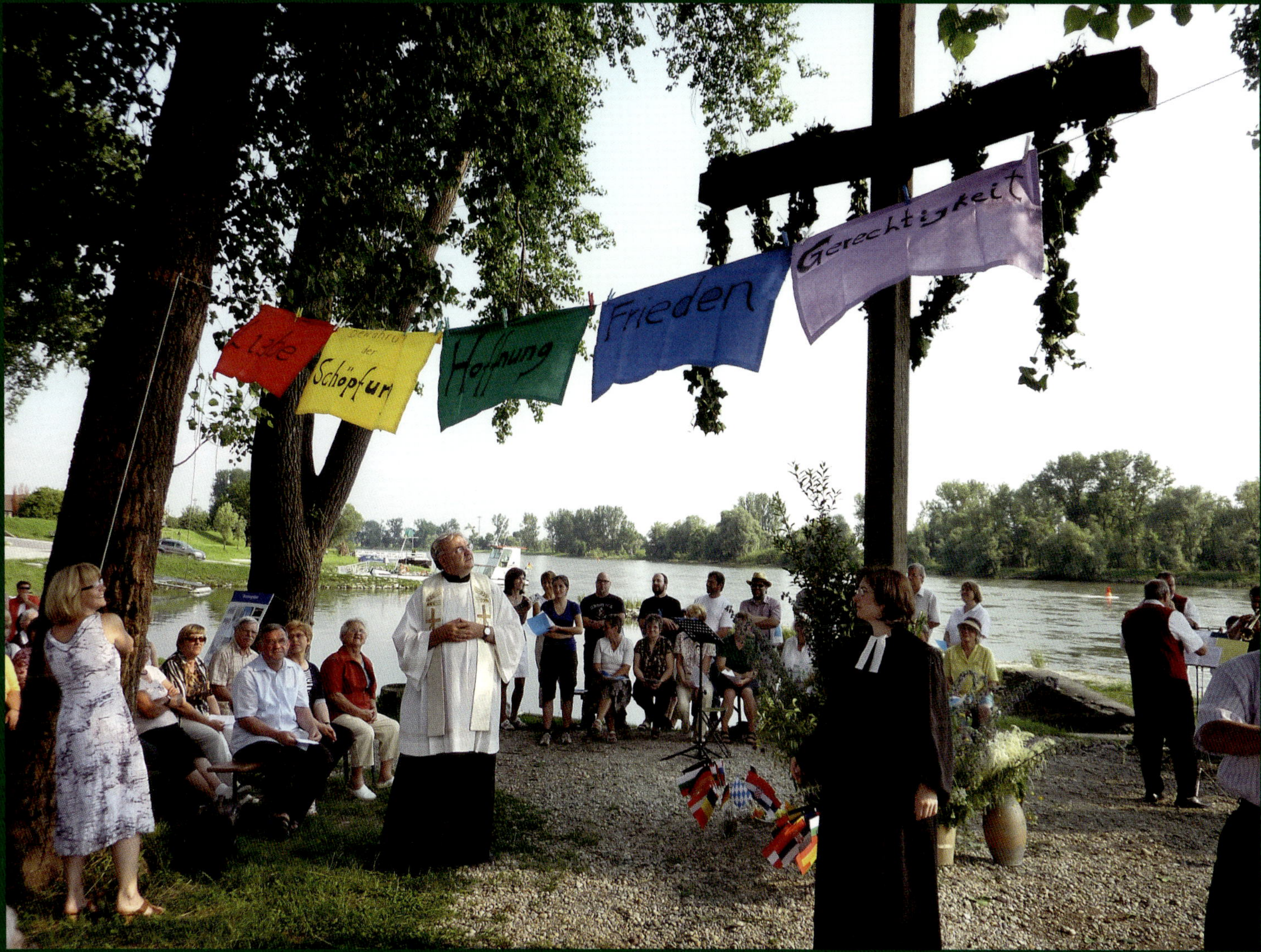

Am Donaudamm bei Niederalteich; vorherige Seite: Jahresfeier der Ökumenischen Kreuzsegnung, Juni 2010

Die Donaugebete – Was waren sie? Was sind sie?

Was waren sie, was sind sie, die Gebete an jedem letzten Sonntag im Monat um 17 Uhr am Niederalteicher und bis 2021 am Oberalteicher Flussufer? Jedes Gebet anders, jedes jeden Monat neu! Seit 1994 immer wieder von anderen, inzwischen wohl von über 100 verschiedenen Gruppen gestaltet.

Für mich steht jedes Schöpfungsgebet an der Donau im Spannungsbogen von „Kampf und Kontemplation". Dieses Verständnis, geprägt von der Spiritualität der ökumenischen Kommunität Taizé, ist mir seit meiner Jugendzeit vertraut und vertiefte sich in elf Jahren Mitarbeit im pastoralen Dienst in Basisgemeinden der brasilianischen Diözese Alagoinhas. Es will sagen, dass im Ausgespanntsein in eine konkrete Konfliktsituation – ob im persönlichen oder gesellschaftlichen Leben, alles Ringen um Lösungen, alles Kämpfen hineingestellt sein will in die Frage: „Vater, was ist Dein Wille?" In ihrer Spitze und in ihrer Tiefe eine brennende Frage, die lehrt, Feuer auszuhalten. Politischer Diskurs und Gebet, diesen Spannungsbogen habe ich als wahrhaft wirkmächtig erfahren.

Jedes Donaugebet spannt für mich diesen Bogen neu, jedes auf seine eigene Weise. Im Vaterunser, dem Grundgebet von uns Christen – wir beten es bei jedem Donaugebet gemeinsam – ist für mich dieses Spannungsfeld tief grundgelegt.

Am Anfang, DU, Du unser Schöpfer, Vater und Mutter allen Lebens ...

„Groß bist Du und wunderbar sind Deine Werke, kein Wort reicht aus, Deine Wunder zu besingen."

Dieser Hymnus aus dem ostkirchlichen Ritus der Wasserweihe am Fest der Taufe Jesu erklingt seit der ersten Ökumenischen Donausegnung am Donauufer jedes Jahr. Stark in ihrer Kraft ist diese Flusssegnung der jährliche Höhepunkt der Schöpfungsgebete.

Oft wird „Schöpfungsbegeisterten" vorgeworfen, sie würden den Schöpfer im vollmundigen Reden über die Schöpfung vergessen. Die Segensworte, Bibeltexte und Gebete bei den Andachten halfen und helfen mir, dieser Versuchung zu widerstehen.

Geheiligt werde Dein Name – in uns und durch uns ...

„Jeder Teil dieser Erde ist meinem Volk heilig."

Dieser Kanon ist das verbindende Lied aller Donaugebete. Es fragt uns: Wie kann ich, können wir hineinwachsen in diese radikale Ehrfurcht, für die jeder Teil der fruchtbaren Erde des Donautales heilig ist? Die Antwort kommt mir im 4. Buch Mose entgegen. Da lehrt Gott Mose und seine Nachfahren die berühmten Worte des Aaronitischen Segens und fährt fort, „legt auf alle meinen Namen, dann werde ich es sein, der sie segnet." (Num 6,27)

Auf alle und alles Seinen Namen legen, auf den Fluss, auf die Tiere und Pflanzen, auf jeden Teil unserer Heimat und Welt, auf alle politisch Verantwortlichem, auf alle, die da sind.

Sein Name, in dem Gott nach der Erfahrung der altehrwürdigen Tradition des Herzensgebetes gegenwärtig ist und wirkt. Abt Emmanuel Jungclaussen OSB als ein Lehrer des Herzensgebetes hat viele von uns in diese altehrwürdige Gebetsweise eingeführt.

Dein Reich komme – in uns und durch uns ...

„Vor dir steht die leere Schale meiner Sehnsucht."
(Hl. Gertrud von Helfta – Junigebet 2018)

Was zieht die Menschen an, die Monat für Monat, Jahr um Jahr ans Donauufer zum Gebet kommen?

Ist es die Sehnsucht nach einer gerechteren, friedvolleren Welt? Einer Welt, in der die Lebensgüter gerechter verteilt sind und für kommende Generationen nicht weiter zerstört werden, nach einer Welt, in der Konflikte anders als mit Gewalt und Kriegen gelöst werden, in der der Mensch seinen Schöpfungsauftrag als Dienen und nicht als Beherrschen versteht?

Die meisten Donaugebete sprechen in irgendeiner Weise von dieser Sehnsucht nach einer Zivilisation der Liebe, nach dem Reich Gottes, so wie es Jesus vermittelt hat.

Da erfahre ich wieder den Spannungsbogen: hier die Vision – und dort das Ringen um konkrete Schritte auf dieses Ziel hin.

„Metanoia" – Umkehr – fordern viele ökumenische Dokumente. Umkehr zu einem neuen Bewusstsein, zu einem neuen Lebensstil, zu einem neuen Verständnis von Wohlstand, von „Natur-Wohlstand", wie es Landesbischof Dr. Heinrich Bedford-Strohm uns bei der Ökumenischen Donausegnung 2013 sagte.

Dein Wille geschehe – in uns und durch uns ...

„Lass uns in Deinem Namen o Herr, die nötigen Schritte tun." (Lied)

Es war ein Kampf im Für und Wider der vorgelegten Staustufenpläne ums Erkennen: „Was ist Dein Wille, Gott?" Darf dieses besondere Fluss-Auen-Ökosystem mit seiner einzigartigen Artenvielfalt, unsere „lebendige Arche Noah", so verändert werden, dass dies ihrer Zerstörung gleichkäme? Darf damit die große Fruchtbarkeit des Donautales leichtfertig aufs Spiel gesetzt werden?

Welche Begründungen rechtfertigen einen solchen Eingriff in den Naturhaushalt?

Diese Fragen, immer auch im großen Kontext unseres kollektiven Lebensstils betrachtet, der Güter und Natur verbraucht, als hätten wir mehrere Planeten zur Verfügung und der direkt in die Klimakatastrophe steuert, waren Grundthemen der Donaugebete.

Sie stärkten mich im Erkennen: Das ist nicht Dein Wille, Du Schöpfer-Gott!

Unser tägliches Brot – unser tägliches Wasser – gib uns ...

„Ins Wasser fällt ein Stein." (Lied)

Die Erfahrung von Hoffnung, Gemeinschaft, Solidarität – das ist für mich „tägliches Brot" auf dem Weg. Oft aber war die Spannung hin zu Gleichgültigkeit und versteinerter Resignation in der Bevölkerung – „Da kann man nichts mehr machen" – schwer auszuhalten.

Was hat uns da wirklich genährt? Mit Hoffnungskraft? Mit Ausdauer?

Für mich waren es die biblischen Texte. Die Schöpfungsgeschichte, die Exodus-Erzählungen, Worte der Propheten, Worte Jesu, Worte aus den Paulusbriefen. oft und oft bei den Donaugebeten durchbuchstabiert und hineingestellt in die jeweilige aktuelle Situation.

Das ist meine zentrale Erfahrung mit den Schöpfungsgebeten: Im Verbinden konkreter Situationen mit biblischer Botschaft öffnet sich Hoffnungskraft, Ermutigung und Orientierung zum Weitergehen. Das ist der Spannungsbogen zwischen Kampf und Kontemplation.

Tägliches Brot war auch die Gemeinschaft im großen Donau-Initiativ-Netzwerk in der niederbayerischen Region. Sie schenkte gegenseitige Stärkung. Wir konnten so als aktive Basis die großen Umweltverbände in ihrem politischen Kampf auf Landes- und Bundesebene unterstützen. Ja, vernetztes zivilgesellschaftliches Handeln – ein tägliches Brot, lebendiges Wasser!

**Vergib uns unsere Schuld,
wie auch wir vergeben ...**

„Hab Erbarmen, o Gott, hab Erbarmen.“
(Donaugebet, Dezember 2012)

Wir alle haben Anteil an der Zerstörung unserer Mitwelt. Keiner kann sich davon ausnehmen. Wir alle tragen Verantwortung dafür. Verschiedenste Donaugebete versuchten und versuchen immer wieder neu, dafür unser Bewusstsein zu schärfen.
Kyrie und Bittgebete öffnen mich für tieferes Erkennen und Annehmen dieser Schuld, lassen mich demütig werden, öffnen mich für die Suche nach Veränderung meiner Lebensweise.

Und lass uns nicht eintreten in die Versuchung ...

„Führe uns in ein Bewusstsein, das uns die Verbundenheit mit allem erlebbar macht.“

Als zentrale Versuchung erlebte ich den Sog in einen eigenmächtigen Aktivismus.
Leere, schale Gefühle nach Aktionen, selbst wenn sie erfolgreich waren, ließen mich spüren, dass ich nicht mit dem Licht seines Namens verbunden war, sondern agiert habe, als ob es auf mich ankäme. Wenn ich dies dann erkennen durfte, mir ehrlich eingestand und betend hingab, dann öffnete sich neue, freudige Motivation und Kraft fürs Weitergehen.
Dazu kam immer auch die Versuchung des überheblichen Verurteilens derer, die gegenteilige Meinungen vertraten. Da halfen mir die Gebete, mich davon zu befreien, und mich tiefer in die Liebe zu allem, was ist, führen zu lassen.

**Und befreie uns von dem Irrtum,
dass wir von Dir getrennt seien ...**

„Ein neues Verhältnis zur Natur setzt eine neue Spiritualität voraus.“

Dieses Wort hat uns bei der Segnung des Donaukreuzes im Mai 1995 Adelheid von Guttenberg mit auf den Weg gegeben. Sie legte uns „die Anerkennung des tiefen Zusammenhangs zwischen allem Lebendigen in der Verbindung mit der Kraft Gottes, dem kosmischen Christus, der lebendig macht, den Atem gibt, den Lebenshauch und den Menschen Vernunft und Verstand“ ins Herz – Worte, wie sie uns 20 Jahre später Papst Franziskus in ‚Laudato si‘ eindringlich sagte – altes und neues Vermächtnis für die künftigen Donaugebete.
In die Gegenwart des Reiches Gottes in uns und um uns, inmitten der Schönheit und Kraft der Schöpfung, mehr und mehr hineinzuwachsen im Einsatz für ihre Bewahrung, dazu geben die Donaugebete immer wieder neu leise, berührende Impulse.

**Denn Dein ist das Reich,
Dein ist die Kraft,
Dein ist die Herrlichkeit.**

Dein sind die Donaugebete.

*Marlis Thalhammer, Niederalteich,
Ökumenischer Aktionskreis „Lebendige Donau“*

> Seit vielen Jahren beteiligt sich der Chorkreis Rainer Gaschler an der Gestaltung der Donaugebete und der Donausegnungen. Das lebendige Wasser, nicht nur der Donau, hat für die meisten von uns eine tiefe Bedeutung und dessen Erhalt ist ein Anliegen, das verantwortungsvolles Handeln einfordert. So sehen wir gerne über kleine Schwierigkeiten hinweg, wie es etwa das Singen im Freien, bei jedem Wetter, mit sich bringt. Etwas Mitgestalten mit Gruppen gleichen Anliegens lässt ein Gemeinschaftsgefühl erleben, das stärkt. Wir bewundern die Ausdauer und die Hingabe der Organisationsmannschaft und deshalb gab es von unserer Seite fast nie ein ‚Geht nicht'. *Peter Abart, Obersimbach*

Jeder Teil dieser Erde ist meinem Volk heilig

T: Arrow Smith, M: Stefan Vesper, Quelle: Rede des Indianerhäuptlings Seattle
aus: Mein Liederbuch, Band 1, 1981, alle Rechte beim tvd-Verlag, Düsseldorf

> Unsere Niederalteicher Jugendgruppe CNJ hat bereits die Anfangszeit der Donaugebete begleitet und mitgestaltet. Als Jugendlicher habe ich die einzigartige Flusslandschaft der Donau allerdings als selbstverständlich wahrgenommen und die Donaugebete von damals nicht anders als etwa unsere Jugendgottesdienste in der Basilika in Erinnerung. Die Wertschätzung für das große Natur-Geschenk, das vor unserer Haustüre liegt, kam erst später. Die Zeiten der Jugendgruppe waren da schon vorbei, und doch hat die Donau einen festen Platz im Freundeskreis behalten. Die häufigen Treffen am Flussufer erhielten am Ostersonntag unter dem Namen DanubiaSound bis 2012 einen jährlich wiederholten Höhepunkt mit musikalischem Programm. Was mit 20 Leuten anfing, hatte am Ende knapp 2000 Besucher. Je größer die Veranstaltung wurde, desto mehr wurden wir uns bewusst, dass wir nicht nur Unterhaltung bieten, sondern über die drohende Naturzerstörung durch den Donauausbau informieren wollen. Deswegen hatte der gegründete Verein neben der regionalen Musikkulturförderung den Erhalt der frei fließenden Donau als Satzungszweck verankert. *Sebastian Kresse, Niederalteich*

„Am Anfang war das Wort ... und das Wort ist Fleisch geworden ..." (Joh 1,1.14)

Wir sind überzeugt: Jeder Teil dieser Erde ist ein Teil des Ganzen, der gesamten Welt. Das heißt z. B. jeder ökologische Teilverlust, an der Donau, in den Regenwäldern ist ein Verlust im Gange der Weltökologie. Ebenso: „Jede Bewahrung eines Teils ist ein Zusammenhalt der Welt." (nach K. Rahner)

Wenn Gott in Jesus Teil der gesamten Welt geworden ist, dann ist aber die gesamte Welt von Gott betroffen. Jesus ist in eine unauflösliche Beziehung eingetreten zu allen Menschen, auch wenn sie ihm nicht glauben, ja, zur gesamten Schöpfung, auch zu unserer Donau.

Für diese gottbezogene Welt tragen wir mit die Verantwortung. Jesus ist nicht nur gekommen, um einen isolierten Menschen heil zu machen, sondern die ganze Welt – auch unsere Donau.

Seit Jesu Ankunft vor 2000 Jahren haben sich Menschen wenig verändert. Damals kam das göttliche Wort in sein Eigentum, aber die Seinen nahmen ihn nicht auf. Er brachte das Licht des Lebens, aber die Menschen liebten ihre Finsternis mehr: Menschen bestreiten ihr Eigentum, die Ökologie, unsere Donau, sie wollen die Finsternis einer zerstörten Donau haben. Uns geht es um die Bewahrung des göttlichen Eigentums, in das Jesus gekommen ist. Dafür sind wir bereit, uns nach Kräften einzusetzen, gewaltlos dafür zu streiten. In der Nachfolge Jesu.

Jeder Teil dieser Erde ist Gott heilig: das gilt nicht zuletzt für die Menschwerdung Gottes: Er ist Teil unserer Erde – und er will uns mit ihr heil machen im Kommen seiner königlichen Gottesherrschaft. Jeder Teil dieser Erde ist Gott heilig – so glauben wir als Christen.

P. Willibrord Godel OSB, aus: Donaugebet Dezember 2000

Nach einer Zeit irrationalen Vertrauens auf den Fortschritt und das menschliche Können tritt jetzt ein Teil der Gesellschaft in eine Phase stärkerer Bewusstheit ein. Es ist eine steigende Sensibilität für die Umwelt und die Pflege der Natur zu beobachten, und es wächst eine ehrliche, schmerzliche Besorgnis um das, was mit unserem Planeten geschieht. *Enzyklika* Laudato si', *Kap. 1: Was unserem Haus widerfährt (19)*

Donaukreuzweg

Gott, unser Vater, Du bist der Schöpfer und Erhalter aller Dinge. In der Sorge um den natürlichen Lauf der Donau kommen wir zu Dir. Du hast auf dem Kreuzweg Jesu Menschen zum Helfen bewegt.

1. Station: *Unsere Donau wird verurteilt.*

Sie stört und behindert die Schifffahrt. Wir haben ein Gesetz – und danach muss ihr natürliches Flussbett sterben! Durch viele Tausende von Jahren hat sie sich einen Weg gebahnt durch unsere Fluren. Sie hat das Wasser all unserer heimatlichen Bäche und Flüsse aufgenommen wie eine Mutter.

Gott unser Vater, wir empfehlen Deiner Fürsorge die Erhaltung und Gestaltung der Natur unserer Donau und bitten um eine gute Entscheidung für einen ihr gemäßen Flussverlauf.

2. Station: *Unsere Donau leidet unter der Last der schwer beladenen Schiffe.*

Sie hält der Wirtschaft nicht stand! Sie ist zu alt! Sie bringt nicht mehr, was man von ihr erwartet! Sie muss bereinigt werden! Die Wasserstraße muss rentabel sein.
Jesus sagt: Der Mensch ist nicht für den Sabbat da, sondern der Sabbat für den Menschen.
Unsere Donau spricht: Mehr Schiffe könnte ich schon befördern, aber nicht so schwere. Bereinigt eure Schiffe, und mein Wasser steht zu Diensten.

Gott unser Vater ...

3. Station: *Der natürliche Lauf unserer Donau soll im Namen der Wirtschaft fallen.*

Was hilft eine schöne Donau mit ihren romantischen Schleifen, wenn Schiffe auf Grund laufen? Wirtschaftlichkeit ist gefragt! „Und bist du nicht willig, so brauch' ich Gewalt."
Jesus sagt: Mein Volk, mein Volk! Was habe ich Dir getan? Warum verfolgst du mich?
Unsere Donau spricht: Ich habe für eure Gesundheit und euren Nutzen Auen und Altwasser hervorgebracht und großen Artenreichtum der Natur für Euer Auge und euer Gemüt. An meinen Ufern entstand die Kultur eurer Heimat, Klöster und Burgen.

Gott unser Vater ...

4. Station: *Wir gehen mit Jesu Mutter Maria den Kreuzweg unserer Donau.*

Die Donau führt zu bestimmten Jahreszeiten zu wenig Wasser, Havarien! und dann wieder zu viel, Hochwässer! Das blockiert den fließenden Verkehr, das kostet Zeit und Geld! Das muss anders werden!
Unsere Donau ist uns heilig. Ihr verdanken wir Siedlung und Kultur. Sie ist die uralte Lebensader zwischen West und Ost. Wir lieben sie, wie sie ist – und stehen ihr bei zu einer natürlichen, sanften Flussbettregelung ohne todbringende Staustufen.

Gott unser Vater ...

Pfarrgemeinderat Osterhofen, aus: Donaugebet Februar 1999

Warum ein Gebet an der Donau?

Weil ein Gebet vielleicht im Augenblick
die einzige Möglichkeit ist,
nicht zu verzweifeln ob unserer Hilflosigkeit,
ob unserer Machtlosigkeit, ob unserer Trauer über das,
was mit diesem Strom geschehen soll.
Weil ein Gebet zeigt, dass es noch andere Menschen gibt,
die auch hoffen und bitten,
die nicht aufgeben wollen angesichts der Mutlosigkeit,
die uns schon oft erfassen will.
Weil ein Gebet Trauer, Verzweiflung,
Hoffnung und Mut gleichzeitig zulässt,
nichts an menschlichen Gefühlen ausschließt.
Weil ein Gebet mit anderen Menschen
mehr ist als ein Hilferuf,
nicht nur eine Aktion,
sondern zugleich Salbe
für unsere Wunden und Aufruf, weiterzuarbeiten.
Weil ein Gebet auch als „gebet!"
ausgesprochen werden kann.
Gebet einander Hoffnung,
gebet auch diesem Fluss noch eine Chance.
Lasst nichts unversucht,
was in unserer Macht steht,
die Macht der guten Gedanken.
Gebet einander Hoffnung!
Gebet einander Mut!
Gebet einander Worte, die überzeugen!
Gebet dem Fluss eine Chance!
Ein Gebet kann machtvoll sein.
Darum heute ein Gebet.

Eva Suttner, aus: Donaugebet Oberalteich, November 1997

Gebet wirkt auch heute – Gott sei Dank!

Gebet ist wirkmächtig, so habe ich mir sofort gedacht, als nach jahrelangem Ringen von der Bayerischen Staatsregierung beschlossen wurde, den geplanten Ausbau der Donau mit Staustufen aufzugeben. Gebet ist wirkmächtig! Wie viele Menschen haben in den vergangenen Zeiten am Donaukreuz für eine frei fließende Donau und die Bewahrung der Schöpfung Gottes gebetet! Dieses Gebet hat gewirkt, denn dieses Gebet für die Schöpfung wurde in Wort und Tat hinausgetragen in die Dörfer und Städte unseres Landes, hat die Gedanken von vielen Menschen in ihrem alltäglichen Leben begleitet. Dieses Gebet am Donaukreuz hat auch unsere Politik mitgestaltet, weil sehr wohl wahrgenommen wurde, dass sich Menschen am Fluss für ihre Heimat einsetzen, um sie lebenswert und erlebenswert an die nachfolgende Generation weitergeben zu können. Gebet ist wirkmächtig, so habe auch ich für mich persönlich wieder feststellen können!

Pfarrer Heinrich Blömecke,
aus: Ökumenische Donausegnung 2018

Leise ...

„Er schreit nicht und lärmt nicht, und lässt seine Stimme nicht auf der Straße erschallen." (Jes 42,2) Der konsequente Gebetseinsatz für die Schöpfung geschieht ohne großes Getöse, eigentlich ganz leise, aber gerade darin nicht überhörbar und stetig, Monat für Monat.

Pfarrei Lalling, aus: Donaugebet März 2015

„ Seit die politische Entscheidung gegen den Staustufen gestützten Ausbau der Donau gefallen ist, erlebe ich beim Zusammenkommen am Donaukreuz zum gemeinsamen Gebet dankbare Freude an dem wunderbaren, frei fließenden Strom und an den MitstreiterInnen – diesem Geschenk des Vaters an uns, Seine Kinder. Ich habe durch die Gebete an der Donau erfahren, dass sich mein einstiges politisches Schwarz-weiß-Denken verändert hat. Der so genannte politische Gegner ist zu einem in der Sache anders denkenden Mitmenschen geworden, den ich ins Gebet um den Erhalt der Schöpfung mit einschließen darf.

Anita Caterina Birnberger, Nadling

Du lebendiger Hauch über den Wassern …

Hildegard von Bingen sagt uns:

„Der Heilige Geist ist Quelle des Lebens,
Beweger des Alls,
Wurzel alles geschaffenen Seins.
Er läutert das All von allem Fehl.
Geist tilgt die Schuld und Geist salbt die Wunden,
Geist ist leuchtendes Leben, würdig des Lobes,
auferweckend das All und alles wiedererweckend.
Ich bin das heimliche Feuer in allem,
und alles duftet von mir,
und wie der Odem im Menschen, Haus der Lohe,
so leben die Wesenheiten und werden nicht sterben,
weil ich ihr Leben bin.
Ich flamme als göttlich feuriges Leben
über dem prangenden Feld der Ähren,
ich leuchte im Schimmer der Glut,
ich brenne in Sonne, in Mond und in Sternen,
im Windhauch ist heimlich Leben aus mir
und hält beseelend alles zusammen.

Wenn ich mit offenen Augen betrachte,
was Du, mein Gott, geschaffen hast,
besitze ich hier schon den Himmel.
Ruhig sammle ich im Schoß Rosen und Lilien und alles Grün,
während ich deine Werke preise."

Wir sind gerufen,
wir sind von der Geistkraft Gottes,
von Gottes Atem und Windhauch,
Feuerbrand der Liebe,
Lust des Herzens, Lebensquell gesegnet.
Gesegnet und gestärkt lasst uns gerufen sein,
um zu handeln. Amen

Ev. Kirchengemeinde Hengersberg, aus: Donaugebet Pfingsten 2012

„Was bei den Menschen unmöglich ist, ist bei Gott möglich." (Lk 18,27)

Gott selbst hat unseren Allmachtsphantasien Grenzen gesetzt, unseren totalen Herrschaftsansprüchen über seine Schöpfung, dem Irrglauben an die scheinbar unbegrenzte Machbarkeit aller Dinge.

Fassungslos erlebt jetzt erneut die Welt die Folgen dieses Irrglaubens: Den Zusammenbruch der von unbegrenzten Profit- und Wachstumsträumen angetriebenen Finanz- und Wirtschaftsmärkte, die sich immer mehr anbahnende Klimakatastrophe, die in so vielen Naturkatastrophen sich aufbäumende, von uns Menschen gequälte und gefolterte Schöpfung. Wir müssten mit Blindheit geschlagen sein, wenn wir darin nicht Gottes warnende Schriftzeichen erkennen würden. „Was bei den Menschen unmöglich ist, ist bei Gott möglich." Gott allein kann, wenn wir ihm nur wirklich Raum geben, das bewirken, was allein echte Hilfe schafft: Die Erneuerung unseres Denkens, unserer Herzen.

Für mich bedeutet die Donausegnung das Gebet, die Hoffnung, Gott ans Herz gelegte und so neu erwachende Hoffnung, dass auch dieser Fluss ein Stück weit etwas widerspiegelt und aufleuchten lassen soll von dem, was uns seit Weihnachten neu verheißen ist: Shalom, Frieden, Heil für diese Erde. Der Donaustrom, der so viele Völker verbindet, ein Fluss des Friedens, der bewahrten und erneuerten Schöpfung, ein strömender Lobpreis Gottes. Amen.

Dekan Reinhard von Loewenich,
aus: Ökumenische Donausegnung 2009

99 Für den Schutz der Erde sorgen, der Zerstörung der frei fließenden Donau widerstehen, im gemeinsamen Beten und Handeln die Hoffnung nähren und das Licht Christi in die Welt tragen – geduldig, kreativ, ausdauernd – seit Jahren. Darin liegt für mich die große Strahlkraft des Donaugebets, der Aktion zum Schutz der Donau durch die Freundinnen der Donau.

Adelheid von Guttenberg, Nürnberg

Schweigegebet unter dem Donaukreuz

Jetzt ist die Stunde der Entscheidung!

Im jetzt zum dritten Male eröffneten Raumordnungsverfahren zum Donauausbau sind die Gemeinden und Bürger und Bürgerinnen entlang der Donau zwischen Straubing und Vilshofen erneut aufgefordert, sich für oder gegen Staustufen zu entscheiden.

Es ist genug geredet worden! Alle Argumente für und gegen den Erhalt der frei fließenden Donau sind vorgebracht. Es erfüllt uns mit Schmerzen,

- dass der Wert der letzten 70 km noch intakter Flusslandschaft in unserer Heimat von den verantwortlichen Politikern noch nicht erkannt wird.
- dass die im Jahr 2002 gefällte Bundestagsentscheidung gegen den Staustufenausbau von der bayerischen Regierung missachtet wird.

Im Schweigen geben wir unseren Schmerz und die Hoffnung auf unser Erkennen der Ordnung Gottes in unserer Welt in Seine Hand. Schweigen ist unser innerer Aufschrei gegen die Missachtung der Schöpfung Gottes.

Ökumenischer Aktionskreis „Lebendige Donau",
aus: Donaugebet Ostersonntag 2005

„ Die Auseinandersetzung mit dem Thema ‚Donauausbau' haben wir 1993 kennengelernt in einer Informationsveranstaltung der RMD und des Bundes Naturschutz, die durch eine aggressive, missachtende und wenig wertschätzende Art und Weise besonders von Seiten der RMD geprägt war. Für uns war dann die Gründung des Ökumenischen Aktionskreises und der Beginn der Donaugebete eine wichtige Ergänzung und Unterfütterung des Engagements im Kampf um die frei fließende Donau. Gerade in der Hochphase der Auseinandersetzung, in der es gar nicht gut um die Zukunft der Donau aussah, waren die Gebete an der Donau für uns ein Haltepunkt, ein Ausruhen, ein sich Besinnen auf das Größere und ein Hingeben der ‚Sache Donau' in Gottes Hand. Wir erinnern uns noch gut an die Schweigegebete, bei denen wir mit Blick auf die Donau einfach nur dastanden und schwiegen. Worte waren genug gesagt! In unserer Ausbildung als Theologin/Theologe haben wir den Gedanken von der Einheit von Mystik und Politik kennengelernt, der für uns sehr wichtig wurde und gerade in den Donaugebeten besonders zum Ausdruck kommt. Darüber hinaus ist der Ort des Donaukreuzes für uns ein besonderer Ort, dessen Atmosphäre in jeder Jahreszeit eine kraftgebende Wirkung hat.

Birgitt Schneider-Aigner und Max Aigner, Osterhofen

Ein sehr weltlicher Ort des Gebetes

Wo man seine Gedanken in die Tiefe gehen lässt, wo man versucht, den Kontakt zur Realität Gottes zu spüren, wo man seine Sorge und seine Dankbarkeit formuliert und abschickt, also die Wahl des Ortes für Gebet und Feier – das ist wohl gar nicht so entscheidend für das Gelingen. Aber es hat jeder Ort seine eigene Wirkung: Eine gotische Kathedrale, eine barocke Wallfahrtskirche, eine Kapelle in einer Klinik, ein Marterl in freier Flur, ein Gipfelkreuz oder auch der Friedhof – andere Orte, andere Gedanken, andere Gebete.

Donaukreuz in Oberalteich

Die Bootsanlegestelle unweit des ehemaligen Benediktinerklosters Oberalteich ist auf den ersten Blick kein besonders „erhebender" Platz: Man erreicht das Ufer über einen meistens staubigen, manchmal verschlammten, immer schlaglochreichen Fahrweg. Vis-a-vis am anderen Donauufer stehen die Silos und Kräne des Straubinger Hafens. Bei schönem Wetter fahren die SUVs mit Bootsanhängern hart an den Fluss heran, um schicke Sportboote und Menschen in Badekleidung aufzunehmen.

Jeden letzten Sonntag im Monat – um 17 Uhr – mischen sich dann an diesem Uferplatz technische Geräusche vom Hafengelände, die Rufe der Freizeitsportler, das Aufheulen der Motoren, manchmal auch das dunkle Tuckern vorbeifahrender Last- oder Hotelschiffe mit den Gebeten und Liedern der DonaufreundInnen und den Klängen des evangelischen Posaunenchors. Das traditionelle Eröffnungslied aller Donaugebete „Jeder Teil dieser Erde ist meinem Volk heilig" kommentiert die konkurrierenden Botschaften, kann und will sie aber nicht verdrängen. Seit 1996 gibt es hier auf Initiative des „Arbeitskreises Christen und Ökologie" diese Andacht am Ende des Monats, zu gleicher Zeit wie in Niederalteich. Die Sorge um die Donau, um die ganze Schöpfung, auch die Dankbarkeit für noch erhaltene Schönheiten und Lebensmöglichkeiten führt eine Schar von Menschen unterschiedlicher Altersstufen, sozialer Schichten und Konfessionen hier zusammen. Und eben dieser Ort bewirkt, dass die Fürbitten, die Lesungen, die Choräle ein wenig anders klingen und auch anders ausgerichtet sind als im gewohnten Kirchenraum. In der Regel wird das Donaugebet hier von einer einzelnen Person vorbereitet, manchmal auch von einer Gruppe wie dem Taizé-Gebetskreis oder der evangelischen Jugend.

Erst seit wenigen Jahren steht auch in Oberalteich ein ebenso starkes wie schlichtes Holzkreuz an der Donau –

unter alten Weiden, inmitten von Büschen. Nach dem Tod von Bernd Birkeneder hat seine Ehefrau Maria den lange schon gefassten Plan verwirklichen können und die Erlaubnis für die Errichtung des Kreuzes von der Grundstückseignerin RMD-AG erhalten. Ohne das Ehepaar Birkeneder wäre das Oberalteicher Donaugebet wohl kaum durch die Jahrzehnte fortgeführt worden. Das Oberalteicher Donaukreuz hat dem Ort nichts von seiner Weltlichkeit, von seiner Prägung durch unsere industrielle Lebensweise genommen. Noch immer kreuzen sich hier die Wege der Wassersportler, der SUV-Fahrer, der Binnenschiffer, der Kreuzfahrttouristen und der um die Schöpfung besorgten Betenden.

Das Donaukreuz von Oberalteich ist der über so viele Jahre an diesem Ort praktizierten Spiritualität erst nachgefolgt. Deshalb ist es ein besonders ehrliches Zeichen des Glaubens und ein besonders festes Zeichen des Vertrauens in die Treue des Schöpfers zu seiner Schöpfung.

Bernhard Suttner, Windberg, Arbeitskreis „Christen und Ökologie"

Kirche vor Flusslandschaft

Unser gemeinsames, christliches Beten und Feiern findet traditionell in einer Kirche statt. Wenn man aber die Bilder der Bibel heranzieht, dann hat Jesus immer wieder unter freiem Himmel gewirkt, er war viel unterwegs, er war an den öffentlichen Plätzen anzutreffen. Er wirkte zwar auch in der Synagoge und verteidigte den Tempel vor Geschäftemachern, aber seine größten „Auftritte", zum Beispiel die wunderbare Brotvermehrung, hatte er im Freien.

Wenn die Donaugebete unter wuchtigen Weidenbäumen stattfinden, stehen sie in einer großen Symbolik: gemeinsames, christliches Wirken unter freiem Himmel im pfingstlichen Geiste! Wenn wir im Freien zusammenkommen, wächst wie von selbst die Sehnsucht, uns mit Neuem, Geistlichem anzureichern. Im Blick auf die Natur, auf das strömende Wasser, öffnen wir unsere Wahrnehmung, um gewissermaßen dem Schöpfer ins Auge zu sehen. Gottes Spuren lassen sich in der Welt erahnen. Wir öffnen uns auch leichter den Menschen um uns herum und sind freudig überrascht, wenn der oder die auch da ist, wenn wir ein Gefühl von Zusammengehörigkeit spüren.

Gemeinsames Beten und Singen gibt Kraft und stärkt unser Vertrauen und es ist, als würden sich unsere Gedanken bündeln und in eine Richtung lenken, und wir so ermuntert werden, unser Engagement zu vertiefen. Bei den Donaugebeten üben wir uns für eine Zeit, in der Priester rar werden; generell stehen „Laien" in der Leitung und Ausführung, für manche ist es ein erster Auftritt, ein erstes Einüben. Es entsteht ein Verständnis von Personalgemeinde. Ich bin sicher, auf sie wird es künftig ankommen, ob und wie gemeinsames religiöses Beten und Handeln gepflegt, fortgeführt und öffentlich bedeutsam wird. Das Hauptanliegen der Donaugebete, den frei fließenden Fluss zu erhalten, ist vorerst erfüllt, Gott sei Dank! Viele Akteure haben jahrelang im Widerstand gegen den Ausbau der Donau mit Staustufen mitgewirkt. Wir wollen nicht vergessen zu danken für die Beständigkeit und die Ausdauer so vieler.

Und wie geht es weiter?

Ist das Gebetsanliegen damit erledigt? Nein, leider nicht! Wenn wir über die Donau hinausschauen, sehen wir, wie vielerorts an schädlichen Eingriffen in die Natur weiter gearbeitet wird, vom Raubbau an Böden und Wäldern, über die Gefährdung des Grundwassers, bis hin zum Bienensterben. Wann ist die Grenze erreicht mit den nicht mehr korrigierbaren Eingriffen in die Natur, wann ist es genug? Nicht später einmal, sondern: Jetzt! Unsere Wirtschaft gebärdet sich wie die Raupe Nimmersatt im Kinderbuch, die „immer, immer Hunger hat". Wir haben ein auf Gewinnvermehrung angelegtes Wirtschaftssystem, bei dem es kein Genug gibt. Vergessen wir nicht, der von Wirtschaft und Politik vehement angestrebte Ausbauwunsch der Donau wurde hauptsächlich mit der Gewinnsteigerung begründet.

Die Donaugebete haben von Anfang an die Selbstverpflichtung zu einem verantwortlichen Lebensstil mit angesprochen. Das will weiterwachsen, dass wir umfassend im Sinne des Lehrschreibens „Laudato si'" unseres Papstes Franziskus tätig werden und eine Wirtschaft anstreben, die „nicht tötet". Gott hat keine anderen Hände als die unseren! Nur so viel kann sich verändern, als wir bereit sind, selber tätig mitzuwirken. Wir singen: „Großes hat der Herr an uns getan"! Ich füge hinzu, ja, wenn wir uns mit Leidenschaft zu Gunsten seiner Schöpfung, also für Mensch, Tier und Pflanzen und eine überlebensfähige Wirtschaftsweise einsetzen!

Dr. Josef Rehrl, Niederalteich

99 Seit 21 Jahren grüßt mich täglich der frei fließende Fluss. Ja, seit ich in Niederalteich wohne, kann ich vom Fenster aus auf die Donau blicken. Ich fühle mich hineingenommen in ein wundersames Geschehen in der Schöpfung: Ich erlebe ein kleines Stückchen Gegenwart, aber blicke ich vom Ufer aus nach links, erlebe ich Vergangenes in Richtung Mündung; blicke ich nach rechts, erlebe ich Zukünftiges in Richtung Quelle. Der Spannungsbogen zwischen „Quell-Wasser-Geist" und „Mündungs-Wasser-Geist" öffnet sich mir, während ich hier in Niederalteich unter dem über fünf Meter hohen Donaukreuz bete. Das reine, saubere Quellwasser, mit allen Zuflüssen, arbeitet sich durch zehn Anrainerstaaten und nährt alle Angrenzer einerseits und nimmt andererseits viel Wasser der Zuflüsse auf. Das Donaukreuz verbindet mich mit allen Kreuz-Orten, Gottes-Begegnungs-Orten, auf der ganzen Welt. Mein Ja zum Donaukreuz ist ein Ja zu Gott selber. Der Geist Gottes, der Geist über den Wassern, treibt mich an, dass ich hier am Donaukreuzplatz das tue, was vielen Menschen eine Gottes-Begegnung an einem schönen Ort ermöglicht. Jeden Monat darf ich das Kreuz schmücken für das Gebet und darf den Platz herrichten für viele Menschen, die sich hier begegnen dürfen. So erlebe ich Beziehung am Donaukreuzplatz von Gott zum Menschen und vom Menschen zu Gott.

Dr. Monika Vogl, Niederalteich

Hört das Wort des Herrn

„Hört das Wort des Herrn, Ihr Leute von Israel! Der Herr erhebt Anklage gegen die Bewohner des Landes, denn nirgends gibt es mehr Treue und Liebe, keiner kennt Gott und seinen Willen. Deshalb vertrocknet das Land, und seine Bewohner verdursten, Menschen wie Tiere, sogar die Fische verenden." (Hosea 4,1–3)

All diese Übel, so sagt der Prophet, haben ihre gemeinsame Wurzel in der Selbstherrlichkeit. Wo Menschen sich nur noch vom Gedanken an den eigenen Vorteil leiten lassen und weder Gott noch den Mitmenschen noch den übrigen Geschöpfen mit Achtung und Respekt begegnen, da sind die Folgen des Handelns Schädigung, ja Zerstörung.

Ökumenischer Aktionskreis „Lebendige Donau"
aus: Donaugebet zur Woche des Lebens, Mai 1999

Bewusstsein

Zum einen denke ich, braucht es immer wieder neu ein Überdenken unseres persönlichen Lebensstiles in den Kleinigkeiten des Alltags. Es braucht ein immer tieferes Bewusstsein, dass alles mit allem zusammenhängt, dass unser individuelles Handeln nicht isoliert im luftleeren Raum schwebt, sondern dass es Auswirkung auf alle und alles hat. Zum anderen braucht es ein neues Bewusstsein von Gott als unserem Schöpfer, der aus Güte für mich, für uns, für alle, die Welt erschaffen hat. Somit gehört sie Ihm und uns allen. Niemand hat das Recht, die Erde auf Kosten anderer auszubeuten. Und dann braucht es eine neue Dankbarkeit für all dieses Geschaffene, das uns gegeben ist zur Fürsorge und zum Nutzen für alle, nicht nur für ein paar wenige. Alle haben wir uns dafür vor Ihm zu verantworten. Möge Er uns ein gnädiger Gott sein!

Elfriede-Maria Heining, Ökumenischer Aktionskreis
„Lebendige Donau", aus: Donaugebet Dezember 2015

All ihr Werke des Herrn, preiset ...

Wie können Gestirne, das Wetter, die Meere,
die Ströme, die Tiere Gott loben?
Wenn sie nach dem Gesetz,
das Gott in sie hineingelegt hat,
nach Maß und Ziel existieren,
leben, ist alles gut, dann ist das Gotteslob.
Unsere Entdeckungen, Erfindungen
sollen weiter ordnen im Rahmen der Naturgesetze,
das beinhaltet Gottes Befehl:
„Macht euch die Erde untertan",
bebaut, kultiviert sie, bringt sie in den Kult,
in die Gottesverehrung hinein.

All unsre Werke, preiset den Herrn!
Unsre Erfindungen ...
Unsre Begabungen ...
All unser Können ...

Wir wollen unser Versagen und den Schrei
der gequälten Schöpfung in den Lobpreis Gottes
hineinnehmen, damit sie erlöst werden können:

Unsere Grenzen, preiset den Herrn!
Unser Missratenes ...
Unsere Anmaßung ...
Unsere Maßlosigkeit ...
Verplante Landschaft...
Gequälte Umwelt ...
Vergifteter Boden ...
Verschmutztes Wasser ...
Belastete Luft ...
Saurer Regen ...
Sterbende Tiere ...
Bedrohte Pflanzen ...

Schwestern des Ursulinenkonvents, Niederalteich, nach dem
„Lobgesang der drei Jünglinge im Feuerofen", Daniel 3,
aus: Donaugebet August 2004

 Viele Dinge müssen ihren Lauf neu orientieren, vor allem aber muss die Menschheit sich ändern. Es fehlt das Bewusstsein des gemeinsamen Ursprungs, einer wechselseitigen Zugehörigkeit und einer von allen geteilten Zukunft. Dieses Grundbewusstsein würde die Entwicklung neuer Überzeugungen, Verhaltensweisen und Lebensformen erlauben. So zeichnet sich eine große kulturelle, spirituelle und erzieherische Herausforderung ab, die langwierige Regenerationsprozesse beinhalten wird.

Enzyklika Laudato si' *(202)*

„Alle sollen eins sein: Wie du, Vater, in mir bist und ich in dir bin, sollen auch sie in uns sein, damit die Welt glaubt, dass du mich gesandt hast." (Joh 17,21)

Tiefe, innige Verbundenheit: Gott im Menschen und der Mensch in Gott. Das ist für Jesus Einheit. Um diese Einheit betet er, und er meint nicht eine äußere, organisatorische Einheit, sondern die tiefe spirituelle Verbundenheit mit Gott und den Menschen.

Von dieser mystischen Einheit muss alles Handeln und Wirken der Gläubigen durchwirkt und geprägt sein. Eine kurze theologische Formel im Geiste des II. Vatikanischen Konzils nennt diese Verbundenheit: Mystik und Politik und bedeutet: Wer im Sinne Jesu an Gott glaubt, steht in großer Ehrfurcht vor dem Schöpfer-Gott, steht in Ehrfurcht vor allem Leben, in Ehrfurcht vor den Menschen, in Ehrfurcht vor den Tieren, steht in Ehrfurcht vor der ganzen Schöpfung Gottes.

Christen, verantwortlich im Geiste der Einheit, dürfen niemals aufhören, prophetisch zu erinnern an Gott als den Schöpfer der Welt gegen die Lust und Verführung von Wirtschaft und Politik, alles planen und machen zu können, was wirtschaftlichen Interessen dient.

Dietrich Bonhoeffer nimmt uns in die Verantwortung und sagt: „Der Kirche hat es nicht um das Jenseits, sondern um diese Welt zu gehen, wie sie geschaffen, erhalten, in Gesetze gefasst, versöhnt und erneuert wird."

Das also meint Mystik und Politik: Weltverantwortung aus tiefem Glauben an Gott. Welt und Schöpfung ist ganz Gott-voll, und alles, was Menschen der Schöpfung antun, tun sie Gott an.

Pfarrer Lorenz Rauschecker,
aus: Jahresfeier der Kreuzsegnung Juni 2007

" Gerade die ausgestreckte Hand vieler Mitchristen hat mich immer wieder bestätigt, dass ich mit meinem politischen Kampf gegen den geplanten Donauausbau nicht allein bin und hat mich ermutigt, weiterzumachen. Ich habe auf die Kraft des Gebetes vertraut und am Ende auch Recht behalten. Die Donau darf weiter frei fließen und wir dürfen uns an ihr erfreuen, was in ‚trockenen Zeiten' besonders wohltuend ist. Hört nicht auf, zu beten, denn politische Entscheidungen können sich auch wieder ändern. Ich werde auch weiterhin, soweit es meine Gesundheit zulässt, an den Donaugebeten teilnehmen.

Bruni Irber, MdB a. D., Osterhofen

> Die frei fließende Donau mit den Auwäldern des Isarmündungsgebietes ist nicht nur Hochwasserschutz, sondern auch einer unserer vielfältigsten Lebensräume an Bäumen, Pflanzen, Tieren, Insekten und Vögeln. Wer mit offenen Augen und Sinnen durch die Auwälder gehen kann, wird immer wieder dankbar erfahren, dass dies ein kostbarer Schatz in unseren Händen ist, den wir hüten sollen. Ich darf dies auch persönlich immer wieder dankbar erfahren, wenn ich auf meinen Exkursionen den Singflug des Blaukehlchens, den flötenden Ruf des farbenprächtigen Pirols, den Balztriller des Großen Brachvogels oder den eleganten Jagdflug des Baumfalken erleben darf. Dies sind für mich Geschenke, die ich nicht kaufen kann. Geschenke, die auch nachfolgende Generationen erleben sollen. Wir sind heute Hüter dieses Schatzes.
>
> *Pfarrer Heinrich Blömecke, Moos, 2018*

Oben: Fasan; gegenüberliegende Seite: Blaukehlchen und Neuntöter (oben), Dorngrasmücke und Wendehals (unten)

Jedes Jahr verschwinden tausende Pflanzen- und Tierarten, die wir nicht mehr kennen können, die unsere Kinder nicht mehr sehen können, verloren für immer. Unseretwegen können bereits Tausende Arten nicht mehr mit ihrer Existenz Gott verherrlichen, noch uns ihre Botschaft vermitteln. Dazu haben wir kein Recht.

Enzyklika Laudato si', *1. Kapitel (33)*

,,Die Donau zwischen Straubing und Vilshofen als der letzte, 70 km lange, unverbaute Abschnitt in Bayern, wird nicht ohne Grund der ‚Bayerische Amazonas' genannt. Hier gibt es über 50 Fischarten, während in den mit Staustufen verbauten Flussabschnitten ihre Anzahl auf die Hälfte zurückgegangen ist. Mit der Vogelwelt verhält es sich ähnlich. Viele Vogelarten kommen hier vor, die anderswo keinen Lebensraum mehr haben. Entsprechendes gilt für Amphibien, Flussmuscheln und Flussschnecken sowie viele die Aue bewohnenden Pflanzenarten. Mit dieser Artenvielfalt ist der frei strömende Fluss mit seinen ständig wechselnden Wasserständen zwischen Hoch- und Niedrigwasser im direkten Austausch mit dem Grundwasser in der Aue ein einziger und einzigartiger Organismus. Jede Stauhaltung würde diesen Organismus nicht nur stören, sondern sogar zerstören. Ich möchte die oft recht mühevolle Naturschutzarbeit an vielen Orten Bayerns und anderswo nicht kleinreden, aber was wäre z. B. ein verhinderter Supermarkt auf der grünen Wiese, wenn andererseits der ‚Bayerische Amazonas' zerstört würde? Deshalb setze ich mich für den Erhalt der frei fließenden Donau ein, auch wenn ich nicht an der Donau wohne. Die Bewahrung dieses Stückes der Schöpfung ist von überörtlicher Bedeutung. Deshalb fahre ich, oft auch zusammen mit meinem Bruder Otmar, zum monatlichen Donaugebet nach Niederalteich. Besonders gefällt mir das Donaukreuz inmitten mächtiger alter Bäume, umgeben von Felsblöcken, auf denen Worte aus dem Sonnengesang des Heiligen Franz von Assisi eingraviert sind. Das alles vor der Kulisse der strömenden Donau. Sie ist, um mit dem Dichter Hans Carossa zu sprechen, ‚der große strömende Magnet', der die Menschen anzieht.

Dietmar Panek, Rosenheim

Frauenschuh

Hilf uns, hinzugeben, was unser ist

Unser Gott,
unser Vater, unsere Mutter.
Hilf uns, hinzugeben,
was unser ist:
Unseren Egoismus,
unsere Habgier,
unseren Machbarkeitswahn.
Bewahre uns davor,
hinzugeben, was uns nicht gehört:
Das Wasser,
die Luft,
die Pflanzen,
die Tiere,
die Schwestern und Brüder,
die Zukunft unserer Kinder.
Amen.

Anita Caterina Birnberger, Freundinnen der Donau
aus: Donaugebet Januar 1999

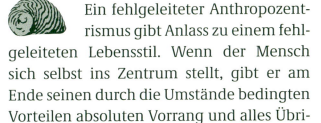 Ein fehlgeleiteter Anthropozent-
rismus gibt Anlass zu einem fehl-
geleiteten Lebensstil. Wenn der Mensch
sich selbst ins Zentrum stellt, gibt er am
Ende seinen durch die Umstände bedingten
Vorteilen absoluten Vorrang und alles Übri-
ge wird relativ.

Enzyklika Laudato si', *Kap. 3: Die mensch-*
liche Wurzel der ökologischen Krise

„Ich selbst bringe Geist in euch, dann werdet ihr lebendig." (Ez 37,5)

Wenn sich heute Menschen wie hier an der Donau um die Zukunft ihres Lebensraumes sorgen, wenn sie sich die Gefahren von Umweltzerstörung nicht nur hier, sondern weltweit vorzustellen suchen, dann kann die Vision des Propheten Ezechiel Anschauung geben. Die Bibel erzählt davon, dass Gott die Schöpfung nicht sich selbst überlassen hat. Die Bibel erzählt vielmehr, dass Gott weiter an seiner Schöpfung arbeitet. Gott schafft immer wieder neues Leben, besonders dort, wo wir Menschen die Möglichkeiten des Lebens einengen oder gar zerstören.

Gott greift auch heute in die Schöpfung ein. Er wirkt in ihr durch Menschen und Naturprozesse. Das ist eine alte und bleibende christliche Glaubensüberzeugung. Solchen Glauben möchte ich mit Ihnen teilen und mit ihnen darauf hoffen, dass dieser schöne Flecken Erde auch nachkommenden Generationen in seiner ganzen Schönheit erhalten bleibt. Ich beziehe diesen Glauben aus dem Leitwort für dieses Gebet: „Ich selbst bringe Geist in euch, dann werdet ihr lebendig."

Regionalbischof Dr. Hans-Martin Weiß, Regensburg, aus: Jahresfeier der Kreuzsegnung Juni 2011

„ Durch die Donaugebete wurde uns erst bewusst, was der Fluss für uns überhaupt bedeutet: Heimat – Natur – Erholung – Entspannung. Wenn wir uns vorstellen, dass durch den Donauausbau diese wunderschöne Landschaft zerstört worden wäre, freut es uns umso mehr, dass unsere Gebete erhört wurden. Im Rahmen der Firmvorbereitung wollten wir unseren Jugendlichen die Donau in ihrem ursprünglichen Flussbett näherbringen und ihnen zeigen, dass man mit Gebeten und Ausdauer etwas erreichen kann. Außerdem war es uns ein Anliegen, die Firmlinge darauf aufmerksam zu machen, damit sie mit der Natur und allen Geschöpfen achtsam umgehen.

Silke Zacher und Elli Gregori, Familiengottesdienstteam der Pfarrei Winzer

Keine Alternative ...

Für uns Christen kann es keine Alternative zum sanften Umgang mit der Schöpfung geben, sonst wird unser Glaubensbekenntnis, in dem wir jeden Sonntag bekennen „Ich glaube an Gott, den Schöpfer des Himmels und der Erde", zur Lüge, wenn wir am Montag, im Alltag, brutal, ehrfurchtslos und gott-los mit der Schöpfung umgehen.

Landvolkpfarrer Lorenz Rauschecker, Mai 1995

„Lasset nicht nach im Beten; seid dabei wachsam und dankbar!" (Kol 4,2)

Weltweit wird Gottes Schöpfung geschunden – deshalb dürfen und können wir nicht aufhören zu beten. Denn gerade beim Beten sehen wir über unsere Grenzen hinaus. Der Apostel bittet die Gemeinde: Betet für mich! Übertragen können wir sagen: die Schöpfung ruft uns zu: Betet für mich!

Manche fragen: Aber was bewirkt denn solches Beten? Können wir Gott denn beeinflussen? Natürlich können wir! Ich denke an Abraham, wie er mit Gott gerungen hat, wie er für die Gerechten in Sodom eingetreten ist.

Aber: Gott weiß doch, was uns fehlt. Wozu müssen wir es ihm erst sagen! „Euer himmlischer Vater weiß, was ihr braucht!" heißt es in der Bergpredigt. Also bemerkt er doch auch, was seiner Schöpfung fehlt.

Ja, aber vielleicht wartet Gott darauf, dass auch wir dies bemerken, dass wir für die Wunden der Schöpfung sensibel werden, dass wir im tiefsten Innern spüren, wir sind für diese Schöpfung verantwortlich. Gott hat sie uns Menschen nicht anvertraut, damit wir ihr Fesseln anlegen lassen. Das Gebet, dieses innige Gespräch mit Gott, macht uns sensibel.

Wenn wir dann das benennen, wo zu sorglos mit unserem Lebensraum umgegangen wird, führt es uns direkt in die Frage: Was ist unsere Tat? Das Gebet wirkt hinein in unseren Alltag, bewirkt, dass wir unsere Einstellung ändern. Aus dem Beten heraus bekommen wir die Kraft, neue, heilvolle Wege gehen zu können.

Pfarrer Norbert Stapfer, Hengersberg,
aus: Ökumenische Donausegnung 1998

Lass uns staunen lernen

Gott, Du weiser Schöpfer, staunend stehen wir vor all dem, was Du erschaffen hast: Berge, Flüsse, Seen, das Meer mit seinen weiten Wassern, Pflanzen, Blumen, Tiere und als Krönung alles Erschaffenen uns Menschen, denen Du die Erde zur liebenden Fürsorge anvertraut hast. Gott, Du gütiger Schöpfer, lass uns staunen lernen über die Wunder der Natur. Schenke uns Ehrfurcht, damit wir all das, was uns umgibt, mit Liebe pflegen, uns all dem von Dir Erschaffenen mit behutsamer Fürsorge zuwenden, damit Dein Reich sichtbar wird. Amen.

Firmlinge Winzer, aus: Donaugebet April 2014

 Der Erdboden, das Wasser, die Berge – alles ist eine Liebkosung Gottes.

Enzyklika Laudato si', *Kap. 2: Das Evangelium von der Schöpfung (84)*

„Mein erstes Donaugebet war im Oktober 2000 als Landjugend-Kreisseelsorger. Danach folgten fast jedes Jahr Gebete am Donauufer mit Jugendlichen, als Diözesanlandjugend-Seelsorger und seit 2010 mit den Landjugend- und Firmgruppen der Pfarrei Außernzell / Schöllnach. Gerne bete ich mit der Jugend für die Bewahrung der Schöpfung, für unser gemeinsames Haus, wie Papst Franziskus sagen würde. Gott spricht zu uns: Ich bin für dich da. Ich liebe dich. Weil du lebst, weil du dich entfaltest, weil du Mensch bist, liebe ich dich. Weil du der Erde angehörst, liebe ich dich. Mit ewiger Liebe liebe ich dich. Lass dich lieben von mir, von den Hügeln, die du siehst, von den Bergen, vom Blumenfeld, vom Quellwasser, von der Donau, von den Menschen, die dir zulächeln, lass dich lieben von der Erde und von den Sternen. Ich kenne deine Geschichte, mir ist nichts verborgen und ich warte, bis du ‚Ja' zu mir sagst. Und weil die Donau wie wir Schöpfung Gottes ist, wertvoll und unverwechselbar, deswegen setzen wir uns für diesen letzten frei fließenden Donauabschnitt ein. *Diakon Fr. Stephan Stadler OSB, Abtei Niederaltaich*

Donau-Gebet

Dein Wille schuf einst diese Welt,
den Himmel und die Erde.
Die Sterne droben am Gezelt,
die Pflanzen, Tiere, ungezählt,
den Mensch, dass Leben werde.

Das Land, vom Wasser fein getrennt,
die Felder, Wälder, Wiesen,
Getreide, Früchte, die man kennt,
den Bach, der eifrig rinnt und rennt,
die Flüsse – so wie diesen.

Hast uns gelehrt, zu pflügen tief,
zu säen und zu ernten,
zu bauen Häuser, Dächer schief,
und Straßen, wo der Fuchs einst lief,
dass wir den Handel lernten.

Das alles hast Du uns geschenkt,
doch nur – um's zu verwalten,
auf Nutz' und Pflege nur beschränkt,
dass Kind und Kindeskind bedenkt:
Dein Werk treu zu erhalten.

Nun steh'n wir kleine Menschen hier,
die Schöpfung zu verstehen,
am Donau-Ufer, Dir zur Zier.
Oh Herr, ich bitt', zeig' uns wie wir
den rechten Weg wohl gehen!

Anton Halser, Literaturkreis Deggendorf,
aus: Donaugebet Juli 2014

Gleichgültigkeit darf nicht als Zustimmung gewertet werden!

Ich glaube, dass noch sehr viele Mitbürger, ja auch Nachbarn, wachgerüttelt werden müssen. Noch immer sind viel zu viele absolut gleichgültig, was ihre heimatliche Landschaft betrifft.

Wir alle tragen Verantwortung, zuerst für uns selbst, für unsere Familien, für Haus und Hof, unsere Arbeitskollegen, in unseren Vereinen. Das alles zusammen kann man in dem Sammelbegriff Heimat zusammenfassen. Dazu gehört aber auch unsere Landschaft. Wir, die wir darin leben, sollen sie gestalten, sodass sie uns wirklich ein Stück liebenswerte Heimat ist. Würden dieser Kanal und die Staustufen gebaut, würde sich unsere Landschaft enorm verändern. Aber diese Veränderung würde nicht herbeigeführt durch unseren gemeinsamen Willen, sondern durch unsere Gleichgültigkeit und Tatenlosigkeit.

Es genügt also nicht, nur dagegen zu sein, sondern man muss seinen Mund aufmachen und etwas tun. Es kann doch nicht demokratisch sein, wenn die Gleichgültigkeit vieler automatisch als Zustimmung gewertet wird.

Josef Schober, Heimat- und Trachtenverein d'Ohetaler
Hengersberg, aus: Donaugebet März 1996

" Das wäre doch etwas für das Museum der Bayerischen Geschichte in Regensburg, direkt am Donauufer gelegen: Jenes Plakat, fast so breit wie ein Scheunentor, das jahrelang vor einem Bauernhof neben der zur Donaubrücke bei Osterhofen führenden Kreisstraße stummen Protest anmeldete. Die Botschaft vom Acker hätte deutlicher nicht sein können: „Donau gestaut – Heimat versaut". Kraftvoll in der Sprache, treffend in der Aussage. Was Heimat bedeutet, erfährt man, wenn man sie verlässt oder verliert, wenn sie in Frage gestellt ist. Für viele ist sie das Paradies der Erinnerung, aus dem man angeblich nicht vertrieben werden kann. Wie dem auch sei. Wenn es um Heimat geht, geht es um die Seele. Um die Seele der Menschen – und um die Seele der Donau. Als Bub war die Donau gewissermaßen meine zweite Heimat. Hausaufgabe hin, Hausaufgabe her – was haben wir uns dort herumgetrieben! Ein gutes Gefühl von Heimat eben. Jahrzehnte später erst ist mir ein Licht aufgegangen, was mich da wohl so magisch angezogen hat. Es muss das „Geheimnis des Strömenden" gewesen sein, gesagt in seiner unnachahmlichen Art vom Schutzpatron der Donau, Abt Emmanuel Jungclaussen. Solche Worte für die Ewigkeit gehören in Stein gemeißelt. Übrigens: Meine Liebe zur Donau ist geblieben. Deswegen werde ich nie heimatlos sein. Die Donau ist ja nur ausgeliehen von denen, die nach uns kommen. Und was man sich ausleiht, darf man nicht zerstören. Das hat der Bauer mit dem Plakat „Donau gestaut – Heimat versaut" sagen wollen. Damit wird so viel ausgedrückt – von der Liberalitas Bavariae über die Seelenverwandtschaft zu einem Fluss bis, ja, bis zur Heimatliebe. Vier Worte wie eine Hymne – damit die Donau weiter frei fließen darf. Was für ein Segen!

Werner Friedenberger, Passau

„

donaugebete
25 jahre
zurück zu den quellen
gegen den strom schwimmen
das wasser nicht verdrängen – es ist leben
rückzugsraum für wasser erhalten
mit / durch / für die natur verbunden
lebensraum erhalten – von mensch, tier, pflanze
kreuz an donau / ilz / osterbach – kein sterbkreuz, sondern lebenszeichen
lebensweisheiten:
keine begradigung zulassen – leben könnte langweilig werden
das strömende und fließende im leben: schlägt wellen, bringt veränderung
friede unter den menschen, wenn friede mit der schöpfung
christsein ist politisch sein
wenn zweifel und verzweiflung drohen:
gebet

Pfarrer Markus Krell, Tiefenbach

Die Donau-Kahnschnecke Theodoxus danubialis *ist eine Süßwasserschnecke und besitzt ein 9 bis 13 mm großes, stark abgeflachtes Gehäuse mit 2,5 bis 3 Windungen. Die Oberseite weist eine dunkle Zickzackzeichnung auf hellem Grund auf. Sie lebt auf steinigem Untergrund und ist deshalb auf fließendes Wasser angewiesen, da die Strömung den Kies frei von Schlammablagerungen hält. Sie ernährt sich überwiegend von Kieselalgen. Kleine Restpopulationen dieser Art leben in der niederbayerischen Donau. Für die frei fließenden Donau zwischen Straubing und Vilshofen sind im Bereich der Isarmündung einzelne Funde von Schneckenhäuschen aus jüngerer Zeit bekannt. In Österreich gilt sie im Donauhauptstrom bereits als verschollen, kommt aber noch* in den Nebenflüssen vor. Die Art wurde 1828 von Carl J. Pfeiffer unter dem Namen Nerita danubialis *erstmals wissenschaftlich beschrieben. Der lateinische Name* Theodoxus danubialis *bedeutet so viel wie „Gottes Geschenk an die Donau" oder „Der Lobpreis Gottes in der Donau". Ihre auffälligen Gehäuse spielten in frühen Kulturen an der Donau eine wichtige Rolle als Schmuckstücke und Grabbeigaben. Originalschneckengehäuse finden sich z.B. in der Ausstellung der Naturhistorischen Sammlung der Humboldt-Universität zu Berlin und im Kloster Weltenburg. Heute ist das gemusterte Schneckenhäuschen Symbol für den Widerstand gegen den Donauausbau in Niederbayern geworden.*

Wikipedia: https://de.wikipedia.org/wiki/Donau-Kahnschnecke

Die Donau-Kahnschnecke Theodoxus Danubialis

Wir haben uns an den Lärm von Maschinen gewöhnt, erkennen manche Automarken schon am Motorengeräusch – aber den Gesang von Vögeln können nur noch wenige deuten und das Glucksen und Rauschen des strömenden Flusses bleibt unbeachtet. Wir müssen neu sehen und neu hören lernen, wenn wir den Wert dessen ermessen wollen, was Gott uns als Leihgabe anvertraut hat.

Die „Theodoxus danubialis", die Donau-Kahnschnecke, mit ihrem wunderbaren Namen „Lobpreis Gottes an der Donau", ist dafür ein gutes Beispiel. Was ist solch eine kleine Schnecke wert? Macht es ihren Wert aus, dass sie mittlerweile so selten geworden ist, dass es sie auf der ganzen Welt nur noch in den freien Fließstrecken der Donau bei Weltenburg und hier bei uns gibt? Was ist solch eine kleine Schnecke wert? Einen Cent? Ich meine, dass sich ihr Wert nur sehr schwer in Euro und Cent ausdrücken lässt. Ihr Wert liegt darin begründet, dass sie ein Geschöpf Gottes ist wie du und ich. Ihr Wert liegt darin begründet, dass jede Donau-Kahnschnecke – genau wie jeder Mensch – ein einmaliges Lebewesen ist. Ein kleines und unscheinbares, das schnell übersehen wird, aber ein schönes!

Nicht zuletzt aus diesem Grund haben sich Menschen zu allen Zeiten aus diesen kleinen Schnecken Schmuck gebastelt und in den Wellenlinien auf ihrem Gehäuse die Wellenbewegungen des strömenden Flusses wiedererkannt. Wenn wir neu sehen und hören lernen werden wir fähig, Entscheidungen zu treffen, die mit Gottes Schöpfung – unserer Lebensgrundlage – sorgsam umgehen.

Ev. Kirchengemeinde Metten, aus: Donaugebet Juni 2000

,,

Die Donau hat mir schon viele Fundstücke beschert. Sie trägt so Vieles mit sich! Flussmuscheln und Körbchenmuscheln, Wandermuscheln und nicht zu vergessen das ‚Wappentier' der Donauschützer, die Donaukahnschnecke! Die bunt glänzenden Kiesel am Strand. Gneis, Quarz, Amphibolit, Sandstein – sie alle sind Botschafter einer Zeit, die viele Millionen Jahre zurückliegt. Auch ein geheimnisvolles kleines Tontäfelchen mit vielen Löchern hat mir die Donau schon in die Hände gespült: Ein Waschstein, der bis ins letzte Jahrhundert hinein zum Wäschewaschen am Fluss verwendet wurde. Ganz besonders wertvolle Fundstücke sind jedoch für mich die Menschen, die ich beim Einsatz für die frei fließende Donau kennen und schätzen gelernt habe. Die Donau hat uns zusammengebracht und miteinander verbunden – nicht zuletzt bei den Gebeten am Ufer in Oberalteich und Niederalteich. Wir haben zusammen gebetet und demonstriert, gekämpft und hin und wieder auch gefeiert. Dafür bin ich zutiefst dankbar. Und ich bin überzeugt, dass die Donaugebete eine Kraftquelle sind. Sie haben maßgeblich dazu beigetragen, dass der Einsatz für die frei fließende Donau beharrlich, friedlich und immer äußerst kreativ geblieben ist.

Susanne Götte, Weiden

 Laudato si', mi' signore, per sor aqua, la quale è multo utile et humile et pretiosa et casta ...

Gelobt seist du, mein Herr, für Schwester Wasser. Sehr nützlich ist sie und demütig und kostbar und keusch ...

Aus dem Sonnengesang des hl. Franz von Assisi (1182–1226)

Laudato si'

All ihr Werke des Herrn:
Preiset den Herrn!
Himmel und Erde ...
Ihr Sterne am Himmel ...
Sonne und Mond ...
Quellen und Bäche ...
Flüsse und Ströme ...
Donau und Isar ...
Preiset den Herrn!

Wir klagen mit dir ...
- **du geliebte Erde,**
  geschändet durch
  ausbeuterische Interessen ...
- **du köstliches Wasser,**
  verseucht von Giften ...
- **Donau**, Fluss unserer
  niederbayerischen Heimat
  im Fadenkreuz des Kalküls ...

Du rettender Gott:
Bleibe uns nahe!
- Im Kommen
  deines Reiches ...
- Beim Gebet
  hier in Niederalteich ...
- In der Gemeinschaft der
  Schwestern und Brüder ...
Bleibe uns nahe!

Mach uns frei, o Herr,
für den Mut
die Donau zu retten
als strömenden Fluss
durch unser Land.

Franziskanische Gemeinschaft
Wallerfing / Burghausen,
aus: Donaugebet Juli 1997

" Nicht in jedem Jahr, aber doch etliche Male immer im Monat August gestaltete die Franziskanische Gemeinschaft das Donaugebet. Angeregt und angeleitet von Isolde Siegroth fanden sich Mitglieder aus Wallerfing und Burghausen am Wellenkreuz an der Donau ein. Dabei spielte der hl. Franz von Assisi mit seiner Spiritualität eine tragende Rolle. Die Mitglieder der Franziskanischen Gemeinschaft versuchen ja, den Fußspuren des Heiligen zu folgen und in ihrem Leben Gottes Wort lebendig werden zu lassen in der Liebe zum Evangelium und einer Einfachheit des Lebensstils, verbunden mit einer großen Achtung der Schöpfung. Der hl. Franziskus ist berühmt mit seinem Cantico delle Creature – dem Loblied der Geschöpfe, bekannt als Sonnengesang, den er gegen Endes seines Lebens, bereits schwerkrank, in seiner umbrischen Sprache gedichtet hat. Der Sonnengesang gilt als ältestes Zeugnis italienischer Literatur. Franziskus nennt hierin das Wasser Schwester, demütig, nützlich und kostbar. Und so haben wir franziskanische Menschen auch immer den Gebetsauftrag am Donauufer verstanden. In der Anfangszeit für den Erhalt des frei fließenden Flusses mit all seiner Kostbarkeit für Mensch und Natur in franziskanischer Weise zu beten und später für die gesamte Schöpfung, insbesondere für die Schönheit der Donau zu danken und zu bitten.

Elisabeth Fastenmeier, Franziskanische Gemeinschaft OFS Burghausen

Gebet zu Maria von den Auwäldern

Maria von den Donau-Auen,
vor Dir stehn wir voll Vertrauen,
und tragen unsre Bitten vor.

Hör unsre Donau weinen –
ihr Flussbett will man arg ‚bereinen' –
wehtun ihrem schönen Lauf.

Ihr'n Freifluss will man regulieren,
die Auen krebsgleich operieren –
Verlust der Arten ist der Preis.

Maria von den Donau-Auen,
vertrauensvoll wir zu Dir schauen,
trag unsre Sorge Gott empor.

Gib Einsicht, gib Respekt beim Planen,
tu sie an die Schöpfung mahnen,
sie ist von Gott uns anvertraut.

Unsre Donau wir Dir weihen,
dass die Planung gut gedeihe,
zum Segen für die Flusslandschaft.

Maria von den Donau-Auen,
wir auf Deine Hilfe bauen,
schließ unsre Donau in Dein Herz.

Maria von den Auwäldern, Du,
höre unserem Beten zu,
erbitt der Donau Gottes Segen.

Rosa Hirschenauer

„Unserer Lieben Frau und Königin von den Auwäldern". Das Marterl am Wegrand nach Thundorf wurde 2004 von der Firma Kainz aus Hengersberg gestiftet.

Kontemplatives Handeln – innen und außen

Zu Beginn unseres Betens ging es darum, das Anliegen, den staugestützten Ausbau der Donau zwischen Straubing und Vilshofen, mit allen daran beteiligten Menschen und Situationen, immer wieder neu in die Hand GOTTES zu legen, dies alles ganz SEINEM Willen zu unterstellen und dabei uns selbst dafür ganz zur Verfügung zu stellen.

Diese Hingabe braucht Stille und Gebet. Alle Ereignisse, alle Menschen, Meinungen, alle aufkommenden eigenen Gefühle wie Wut, Aggression, Arroganz, Besserwisserei und Abwertung des politisch Andersdenkenden wollen in das Licht und die Liebe GOTTES gestellt werden, damit ER es durchlichten und wandeln kann und konnte. Das ist die Kraft, die der Stille entspringt. Unser Gebetsweg dabei ist das Herzens-DEIN-Gebet, das NAMEN-DEIN-Gebet. Wir vertrauen darauf, dass ER mit all SEINEN KRÄFTEN, SEINER LIEBE in SEINEM NAMEN anwesend und gegenwärtig ist und sich uns so zugänglich macht, sich uns zur Verfügung stellt. Alles will da hineingegeben werden und alles können wir daraus empfangen.

Durch diese Ganzhingabe geschieht eine Reinigung der eigenen Gefühle, sodass GOTT durch uns wirken kann und z.B. die politisch Andersdenkenden ehrlich respektiert und anerkannt werden können. Daraus kommt dann auch Klärung, was jetzt die konkrete Tat im Außen sein will, um dem Anliegen – dem Erhalt der frei fließenden Donau – Durchsetzung zu verschaffen. Die Aktion ist also nicht mehr blinder Aktionismus, der sich aus verletzten Gefühlen, aus Besserwisserei oder Machthunger speist, sondern wir ließen uns in der himmlischen Schule belehren, von innen heraus, von IHM her

zu entscheiden, was der nächste Schritt im Außen, im politischen Handeln sein will und kann, soweit wir das eben jeweils erkennen konnten.

Auch das ist ein Prozess, ein Auf und Ab, in dem wir uns auch immer wieder selber hinterfragen und uns unseren eigenen Fehlern und Schwächen stellen mussten. Dazu gehörte auch, unsere Gefühle der Aussichtslosigkeit und der Hoffnungslosigkeit anzunehmen, auch sie GOTT hinzuhalten, und uns dadurch stärken zu lassen, um wieder weitermachen zu können. Zu diesem Weitermachen gehörte auch, treu die monatlichen Donaugebete abzuhalten, gleich wie das politische Umfeld sich gestaltete, gleich wie viele Menschen zum Gebet kamen. Es bedeutete, an den Gebeten festzuhalten gegen alle Widerstände aus Kirche und Politik. Abt Emmanuel Jungclaussen OSB war uns da Halt und Vorbild und Vorkämpfer.

Kontemplatives Handeln meint also ein ständiges Ineinander von innen und außen, von Gebet und Außentat. Beides bleibt untrennbar miteinander verbunden, nährt und durchdringt sich gegenseitig. Und es endet nicht mit dem Erreichten. Mutter Teresa sagte einmal sinngemäß: Solange man für etwas bittet, solange soll man für dessen Erhörung und Erfüllung auch danken. So führen wir die Donaugebete weiter, auch wenn der Ausbau der Donau mit Staustufen längst vom Tisch ist. Mittlerweile hat sich das Anliegen immer mehr auf die Bewahrung der gesamten Schöpfung ausgeweitet. Wie nötig das ist, wird immer offensichtlicher.

Elfriede-Maria Heining, Niederalteich,
Ökumenischer Aktionskreis „Lebendige Donau"

Über den Tellerrand hinaus

Global denken, lokal handeln!

Immer mehr mussten wir im Laufe unseres entschiedenen Eintretens für die Bewahrung der frei fließenden Donau zur Kenntnis nehmen, dass wir auf lokaler Ebene ein globales Problem aufgreifen und verfolgen. Denn massive Flussregulierungen auf allen Kontinenten weltweit und der Bau von Mega-Staudämmen an den größten Flüssen und Seen unserer Erde erweisen sich als ein bedrohlicher Eingriff in das gesamte Ökosystem. Unser Einsatz für die frei fließende Donau ist eingebettet in den globalen Widerstand gegen gigantische Flussregulierungen und überdimensionale Wasserkraftwerkbauten, die weltweit zur Energiegewinnung errichtet werden.

Um des wirtschaftlichen Fortschritts willen werden auf allen Kontinenten unserer Erde jene Völker ausgerottet und jene Kulturen zerstört, die sich im Laufe von Jahrtausenden an den Flussläufen und Seeufern angesiedelt haben. Diese indigenen Völker haben ihren Lebensunterhalt seit jeher durch Jagd, Fischfang und die Kultivierung des Schwemmlandes gesichert. Sie lebten immer in einer respektvollen Beziehung zu dem sie umgebenden Wasser. Sie wussten um die zyklischen Bewegungen ihrer Flüsse – Überschwemmung, Rückfluss, Trockenzeit. Der Fluss leitet das Leben, das Leben leitet den Fluss!

Mit dem Besuch der „Pilger vom Rio São Francisco" aus Brasilien 1994 begann eine Flusspartnerschaft zwischen dem Franziskusfluss und der Donau, die sich durch die Begegnung mit Bischof Dom Luíz Cappio im Mai 2010 vertiefte. Die von ihm ins Leben gerufene Bewegung wehrt sich gegen die Verlegung des Flussbettes. Der Rio São Francisco soll ein aus Beton geschaffenes alternatives und in Seitenarme verzweigtes Flussbett erhalten, um so die Dürreregionen des brasilianischen Nordostens in bewässerte Anbaugebiete für die Agroindustrie zu verwandeln. Die für den brasilianischen Nordosten charakteristische Vegetation des sogenannten Sertao wird dadurch unwiederbringlich zerstört. Die traditionellen Anbaumethoden einer kleinbäuerlichen ökologisch nachhaltigen Landwirtschaft an den Ufern des Stromes werden dadurch mit Füßen getreten.

Die Solidarität mit Dom Luíz und dem Widerstand gegen die von der Agroindustrie betriebene Flussregulierung des Rio São Francisco haben uns die Augen geöffnet für die globale Herausforderung der Bewahrung unserer Flüsse und Seen sowie der drohenden Zerstörung von Kulturen und Lebensformen der indigenen Völker.

Pfarrer Josef Göppinger, Regen

Der Sobradinho-Stausee im Norden des brasilianischen Staates Bahia, gespeist vom Rio São Francisco. Für den Bau wurden mehr als 70 000 Menschen umgesiedelt, weitgehend gegen deren Willen.

Vorherige Seite: An der Mündung des Rio São Francisco in den Atlantik

Bruder São Francisco – Schwester Donau

Bischof Dom Luíz Cappio OFM, Diözese Barra, Bahia/Brasilien

Das gigantische Projekt „Sobradinho" staute den Fluss 320 km lang auf für die Pläne internationaler Agrarkonzerne. Das brachte katastrophale Folgen mit sich, für die Bevölkerung und für den Naturhaushalt. Der Wasserzufluss zum Stausee ist sehr unregelmäßig. Fertiggestellt 1979 waren im Jahr 2022 nur 2,71 % seines ursprünglichen Fassungsvermögens von 34,1 Kubikkilometern bzw. Milliarden Kubikmetern gefüllt.

Im Jubiläumsjahr 1992/93 zur 500 Jahre der sogenannten Entdeckung Amerikas pilgerten ein Soziologe, eine Ordensfrau, ein Landarbeiter und ein Franziskanerpater, der spätere Bischof Dom Luíz Cappio, von der Quelle bis zur Mündung. Zu Fuß, angewiesen auf Mitfahrgelegenheiten auf Booten und Lastwägen gab es viele Begegnungen und Versammlungen mit Menschen an den Uferorten sowie Gespräche über gravierende Probleme des Flusstals, der Notwendigkeit seiner Revitalisierung und die sozialen Folgen der Zerstörung. Gemeinsame Gottesdienste stärkten einander für Gebet und Tat.

Durch die weltkirchliche Partnerschaft zwischen der brasilianischen Diözese Alagoinhas und der Diözese Passau (1969–2019) sind viele Kontakte gewachsen zu Engagierten in brasilianischen zivilgesellschaftlichen Organisationen. So auch die Verbindung vom Ökumenischen Aktionskreis „Lebendige Donau" zur Bewegung: „Der Rio São Francisco darf nicht sterben." Der Rio São Francisco ist mit seinen fast 2800 km Länge fast genau so lang wie die Donau. Er ist neben dem Amazonas der zweitgrößte Fluss Brasiliens. Ohne ihn wäre in weiten Dürregebieten des Nordostens Leben unmöglich.

Diese einjährige Wallfahrt erregte internationale Aufmerksamkeit. In Österreich wurden die Rio-São-Francisco-Pilger mit dem Oscar Romero-Preis geehrt. Auf dem Weg zur Verleihung kam es im November 1994 zu einer Begegnung mit dem „Ökumenischen Aktionskreis" in Niederalteich. Beim Gebet am Donauufer fand – symbolisch – eine regelrechte „Verschwisterung" statt. Dabei gossen die Pilger mitgebrachtes Flusswasser vom Rio São Francisco in die Donau und nahmen Donauwasser mit als Zeichen solidarischer Verbindung.

 Die verzweifelte Lage im São Francisco-Tal ist Teil einer globalen Krise. Sie macht uns bewusst, dass der blinde Fortschrittsglaube zur Unterentwicklung vieler Völker geführt hat und das Leben der ganzen Erde bedroht. Es liegt an uns, weiter dem Weg des Todes zu folgen oder uns für das Leben einzusetzen.

Dom Luíz Cappio beim Gottesdienst 1992 an der Quelle des Rio São Francisco

In Solidarität mit Bischof Luíz Cappio und dem Volk im Tal des Rio São Francisco

Ein neues gigantomanisches Fluss-Umleitungsprojekt von mehreren 100 Kilometern wurde von einer neuen Regierung 2005 beschlossen. Ein breites Netzwerk mobilisierte sich dagegen.

Bischof Dom Luíz Cappio trat in einen 24-tägigen Hungerstreik, den er nach dem Versprechen des Präsidenten für ein breites Dialogprogramm und dem vorübergehenden Stopp der Planungen abbrach. Doch als dieses Versprechen nicht eingehalten wurde, trat der Bischof 2007 ein zweites Mal in ein dreiwöchiges Fasten. Erst auf die Bitte seiner engsten Freunde und Mitstreiter brach er dieses ab. Solidaritätserklärungen aus vielen Ländern trafen ein.

Auch der Ökumenische Aktionskreis „Lebendige Donau" und der „14. Internationale Donaukongress des Bundes Naturschutz" beteiligten sich mit zwei Soldaritätsbriefen an Bischof Dom Luíz Cappio. Im Folgenden Ausschnitte daraus:

Sehr verehrter Dom Luíz Cappio!

Unsere Herzen sind zutiefst berührt von Ihrem Entschluss, Ihr Leben zu geben für das Leben des Rio São Francisco und das Leben seines Volkes an den Ufern. Wir verneigen uns vor Ihrem Zeugnis. Wir vom Ökumenischen Aktionskreis „Lebendige Donau" fühlen uns seit der Begegnung mit den Pilgern im November 1994 mit Ihnen und Ihrem Anliegen verbunden. Unvergesslich der Moment, als Ihre Freunde Wasser vom Rio São Francisco in unsere Donau schütteten Ein Zeichen gesetzter Geschwisterlichkeit! Sie geben uns ein radikales Zeugnis Ihrer Ganzhingabe an die Lebensader Ihrer Heimat und an Ihr Volk. Wir spüren, wie uns durch Sie neues Wasser der Ermutigung zuströmt. Wir danken dem Vater allen Lebens für Ihr Leben und Ihre Liebe zu Seiner Schöpfung und den Menschen.

Sehr verehrter Dom Luíz Cappio,

die TeilnehmerInnen des 14. Internationalen Donaukongresses vom 10./11. Dezember 2005 entbieten Ihnen herzliche Grüße. Wir haben von Ihrem Zeugnis Ihres Einsatzes für das Leben des Flusses São Francisco und für das Leben des Volkes in seiner Region gehört. Wir wissen uns verbunden mit Ihnen und allen, die derzeit für den Erhalt der gefährdeten Lebensadern unserer Erde kämpfen. Auch wenn unser Einsatz für den Erhalt der letzten 70 km noch frei strömender Donau in unserem Land unendlich klein gegenüber dem Mega-Projekt der „Transposicao" des Rio São Francisco erscheint, so sehen wir uns doch vergleichbaren Machtstrukturen politischer und wirtschaftlicher Interessen gegenüber. Wir danken Ihnen für die Ermutigung und die Kraft, die uns durch Ihr Beispiel radikalen Einsatzes entgegenkommt.

In solidarischer Verbundenheit, die Teilnehmer des Donaukongresses

 Durch die Arbeit und das Leben am Rio São Francisco in Brasilien lernte ich großen Respekt und große Liebe für diesen Fluss zu empfinden. Für unser Volk ist er Leben. Er ist nicht nur ein Fluss, dessen Wasser man nutzt, er ist auch eine spirituelle Wirklichkeit. Er ist Geschenk und Anwesenheit Gottes für unser Volk.

Adriano Martins, Rio São Francisco Pilger, Donaugebet November 1994

„Pilgerweg am Rio São Francisco", *Holzschnitt von José Stênio Silva Diniz, Juazeiro do Norte, Bundesstaat Ceará, Brasilien*

Lebendige Netze der Solidarität

Die Donaugebete im Januar 2006 und im Februar 2008 waren dem Einsatz von Bischof Dom Luíz Cappio gewidmet. Die Erschütterung über die Rechtfertigung durch die brasilianische Justiz der bereits von der Regierung 2007 auf militärischem Wege begonnenen Bauarbeiten war groß. Worte aus dem Brief des Bischofs selbst nach Beendigung seines Fastens im Dezember 2007 und einige Zitate aus Solidaritätsbekundungen seien hier wiedergegeben.

Aus dem Brief von Dom Luíz Cappio

„Gestern sahen wir fassungslos, wie die Mächtigen das Theater der Unterwürfigkeit der Justiz feierten. Aber unser Kampf geht weiter und er hat seine Fundamente dort, wo alles seinen Bestand hat: im Glauben an den Gott des Lebens und in der organisierten Vorgehensweise des Volkes. Unser weiterer Kampf besteht darin, das Leben des Rio São Francisco und seines Volkes zu garantieren und den Zugang zum Wasser sowie eine wirkliche Entwicklung zugunsten aller betroffener Bevölkerungsteile im gesamten semiariden Gebiet zu gewährleisten, und nicht nur eines Teiles.
Das ist der Einsatz meines Lebens wert und ich bin glücklich, dass ich mich dazu entschieden habe, als Teil meiner Hingabe an den Gott des Lebens, an das lebendige Wasser, das Jesus ist und das sich denen schenkt, die elendiglich zu leben haben aufgrund von Strukturen der Unterdrückung und des Todes. Wir ersehnen für unser geliebtes Brasilien eine Zukunft, in der alle – alle ohne irgendwelche Ausnahmen – Brot zu essen, Wasser zu trinken, Land zum Arbeiten, Menschenwürde und Bürgerrecht haben."

 Jetzt im Advent, Zeit der lebendigen Hoffnung, laden wir alle christlichen Gemeinden und alle Menschen guten Willens ein, sich fastend und betend mit Dom Luíz Cappio zu verbinden und für sein Leben zu bitten, solidarisch mit dem Anliegen, das Dom Luíz vertritt. Die Hoffnung lässt nicht zugrunde gehen (Röm 5,5).

Dom Geraldo L. Rocha, brasilianische Bischofskonferenz, 2007

 Es entspricht unserem weltkirchlichen Auftrag aus dem prophetischen Geist des Evangeliums, Solidarität zu üben und die Stimme zu erheben zur Bewahrung der Schöpfung – über die Landesgrenzen hinaus. Als Partner der Kirche und der Menschen in Brasilien ist es uns ein tiefes Anliegen, Bischof Luíz Cappio unsere Verbundenheit auszusprechen und die Menschen in Deutschland zur Solidarität aufzurufen.

Kardinal Karl Lehmann, Deutsche Bischofskonferenz, an Präsident Lula da Silva, Dezember 2007

 Die Botschaft Jesu wird nicht von einer Position der Macht aus verbreitet, sondern von leidenschaftlichen, mutigen Menschen, die sich allein mit der Kraft Gottes an die Spitze des Konfliktes stellen.

José Comblin, belgisch-brasilianischer Pastoraltheologe, 2007

In einer Gesellschaft, in der das Geld den höchsten Wert darstellt, und Wettbewerb und Gewinn regieren, kann die Kirche nicht mehr durch Verlautbarungen Zeugnis geben. Erwartet werden sichtbare prophetische Gesten.

José Comblin, 2007

Bischof Dom Luíz Cappio (3. von links) beim Donaugebet in Niederalteich im Mai 2010 mit (von links) Marlis Thalhammer, Pfarrerin Sonja Sibbor-Heißmann, Bischof Dom Luíz, Pfarrer Lorenz Rauschecker, Elfriede Maria Heining, Joseph Thalhammer, Annemarie Jacobs, Fr. Ludwig Schwingenschlögl OSB

Kyrie eleison

Gott, der Du uns Vater und Mutter bist,
wir stehen hier unter dem Donaukreuz,
Bischof Luíz Cappio stellvertretend
für die Menschen des Rio São Francisco-Beckens,
wir stellvertretend
für die vielen Menschen des Donautales.
Was uns eint, ist das Ziel, einen Weg zu finden
aus der Herrschaft von uns Menschen über die Natur,
aus einem Lebensstil und Produktionsweisen,
die unsere Lebensgrundlagen
und die kommender Generationen zerstören.
Unsere Vision: Dein gelobtes Land!
Eine erlöste Gemeinschaft von uns Menschen
mit Deiner ganzen Schöpfung!

Aus: Donaugebet Mai 2010 mit Dom Luíz Cappio

Rio Danúbio

Num suco límpido de margens plácidas,
Percorre serenamente o Rio Danúbio
Que em seu curso d'águas calmas
Segue viagem levando na bagagem tanta riqueza ...
Pro seu povo, se faz proeza!
És o início, meio e fim
Que por fim és endereço
És começo d'uma vida
Que solidariamente se avoluma
Numa ruma d'afluentes
Logo em frente é tão grande!
Que abrange imensidão
Fertiliza o berço, o chão; tua margem ...
Que tão bela nos encanta
Lá se plantam tantas vidas!
Das espigas que se colhem ...
Brotam novas esperanças

Que as crianças se animam
És menino, jovem, adulto
És o fruto que sustenta
És a crença, a presença; a natureza!
Do teu povo e de Deus
Alimenta os filhos teus
Mata a sede ...
É a riqueza que navegas tranquilamente
Manso e imponente
Nutre toda tua gente
Que caminha ... Nos caminhos deste rio,
És o cio
A vida em flor
És amor, és alegria
Iguaria, integração
Percorrendo teu caminho ...
És o ninho donde nascem
Tantas formas de vida
De ser e de viver ...
O Rio Danúbio é exacerbadamente belo ...

Joao Nazaré, Alagoinhas, nach dem Donaugebet im Mai 2009

Die Donau

Klarster Strom
Umsäumt von ruhigen Ufern
Fließt die Donau gelassen dahin
Und birgt
Auf der Reise ihrer stillen Wasser
So viel Reichtum ...
Für ihr Volk macht sie sich
Zur lebensspendenden Ader!
Donau – du bist Anfang, Mitte und Ende,
Letztendlich bist du Ansprechpartnerin,
Du bist der Beginn eines Lebens,
Solidarisch genährt von Zuflüssen
Wächst du in deine Größe,
Befruchtest die Wiege, die Erde, Deine Ufer ...
So schön bist du, verzauberst uns,
So viele Leben werden durch dich gepflanzt!
Aus den Ähren, die man erntet,
Sprießen neue Hoffnungen!

Die Kinder erfreuen sich an dir
Du bist selbst Kind, Jugendliche, Erwachsene
Du Frucht, die nährt und lebendig erhält,
Du bist Glaube, bist Gegenwart – bist die Natur!
Du ernährst Deine Söhne und Töchter
Deines und Gottes Volkes
Stillst den Durst ...
Es ist dieser Reichtum
Den du ruhig und erhaben dahinführst
Und nährst all die Deinigen ...
Auf den Wegen deines Fließens
Bist du Erregung, blühendes Leben
Bist du Liebe, bist Freude
Erquickung ...
Bist Integration auf deinem Weg.
Du bist das Nest, in dem du
So viele Formen des Lebens gebierst,
Des Seins und des Lebens ...
O Du Donaufluss
Du bist so einzigartig schön ...

Übersetzung: Pfarrer Josef Göppinger, Regen

Gebet der Vereinten Nationen

Herr, unsere Erde ist nur ein kleines Gestirn
im großen Weltall.
An uns liegt es, daraus einen Planeten zu machen,
dessen Geschöpfe nicht von Kriegen gepeinigt werden,
nicht von Hunger und Furcht gequält, nicht zerrissen
in sinnlose Trennung nach Rasse,
Hautfarbe oder Weltanschauung.
Gib uns Mut und Voraussicht,
schon heute mit diesem Werk zu beginnen,
damit unsere Kinder und Kindeskinder
einst stolz den Namen MENSCH tragen.
Amen.

*Seht, ein König wird kommen, der gerecht regiert, und
Fürsten, die herrschen, wie es recht ist.* (Jes 32,1)

So öffnen wir uns für Gott, den König in uns, in unseren
Herzen, öffnen wir uns für IHN um uns herum in der
ganzen Schöpfung, der Natur, der Donau, allen Lebewesen, besonders unseren Mitmenschen. Er will unser
König sein, Er will, dass Sein Geist in uns regiert, Er will
uns zu edlen Menschen formen, Er will uns retten, so
wie Er die ganze Schöpfung retten will. Dankbar beginnen wir im Namen des Vaters und des Sohnes und des
Heiligen Geistes.

*Nach einem Gebetsvorschlag der Deutschen Hilfswerke „Gipfel-
andacht" zum G 7-Gipfel in Elmau, aus: Donaugebet Mai 2015*

Im Zeichen des Materialismus

„Im Zeichen des Materialismus, der Leugnung des
Schöpfergeistes, sind ganz neue und erschreckende
Weisen des Verderbens der Erde möglich geworden.
Die ganze Schöpfung wird nur als materielles Produkt
gesehen, das wir ummontieren, neu montieren nach
unseren Bedürfnissen, bis hin zum Menschen, der auch
Produkt werden soll, sodass wir ihn für unsere Zwecke
umzüchten, ausbeuten, ja töten können.

Wenn wir Gotteskinder werden, wenn in uns und durch
uns der Geist Gottes Raum in der Welt gewinnt, dann
wird auch die geknechtete Schöpfung neu, und dann
entdecken wir in ihr nicht mehr bloß Material unseres
Machens. Sondern das Gesicht dessen, der sie liebt und
uns liebt."

*Ökumenischer Aktionskreis „Lebendige Donau", nach Papst
Benedikt XVI, zitiert nach Passauer Bistumsblatt Nr. 3/2013,
aus: Donaugebet Januar 2013*

Neue Götzen

„Wir haben neue Götzen geschaffen. Die Anbetung des
antiken goldenen Kalbs hat eine neue und erbarmungs-
lose Form gefunden im Fetischismus des Geldes und in
der Diktatur einer Wirtschaft ohne Gesicht und ohne
ein wirklich menschliches Ziel. Die Gier nach Macht und
Besitz kennt keine Grenzen. In diesem System, das dazu
neigt, alles aufzusaugen, um den Nutzen zu steigern, ist
alles Schwache wie die Umwelt wehrlos gegenüber den
Interessen des vergöttlichten Marktes, die zur absoluten
Regel werden."

*Papst Franziskus, Apostolisches Schreiben
Evangelii Gaudium (55), aus: Donaugebet Januar 2018*

„ Mit großer Freude und Dankbarkeit denke ich an die 25 Jahre Donaugebete und besonders an jenen Tag im Mai 1995, an dem ich als damaliger evangelischer Dekan von Regensburg zusammen mit Abt Emmanuel Jungclaussen und einer großen Gemeinde das Donaukreuz am Ufer des Flusses segnen und einweihen durfte. Viele Jahre sind seitdem vergangen, für mich voller vielfältiger ökumenischer Dienste in Lateinamerika und der ehemaligen Sowjetunion. Geblieben ist mir der Dank für so viel erhörte Gebete um die Rettung der so wunderbar frei fließenden Donau. Geblieben ist auch die traurige Erfahrung, dass es für manchen Einsatz um die Bewahrung der Schöpfung Gottes in vielen Teilen der Erde ein *zu spät* gab und gibt. Umso ernster und dringender bleibt der Auftrag Gottes an uns, nicht nachzulassen in unserem Engagement für seine bedrohte Schöpfung. In diesem Sinn will ich auch weiterhin mit der großen Donaugemeinde verbunden bleiben. *Reinhard von Loewenich, Dekan i. R., Berlin*

Seit 1994 nehme ich als Deutschordensschwester aktiv, auch bei Wind und Wetter, an der Donausegnung teil. Das Kolumbus-Gedenkjahr gab mir Schlüsselerlebnisse, die mich bis heute mobil halten. So ist mir u. a. das Thema Donaugebet um eine umweltfreundliche Lösung des Donauausbaus sehr wichtig geworden. Die Vielfalt der Bedeutung der Donau – als Ausflugsziel, als Identifikationshilfe für die eigene Heimat, als Kulturlandschaft, als Verbindung vieler kultureller Lebensräume und als Erholungs- und Touristenort. Deshalb darf die gegenwärtige Generation nicht auf Kosten der Kinder und Kindeskinder wirtschaften, die Ressourcen verbrauchen und die Umwelt belasten. „Für mich ist Niederalteich eine Kaderschmiede des christlichen Abendlandes". Dieses Wort des ehemaligen Präsidenten des niederbayerischen Bauernverbandes Albert Schallmoser, gesprochen an der Landvolkshochschule in Niederalteich, ist mir auch heute bedenkenswert. Verbindet uns doch die Donau mit osteuropäischen, orthodoxen und byzantinischen Kulturkreisen. Durch die Türkenherrschaft gibt es sogar Berührungen mit der islamischen Kultur. Beten wir weiter und bleiben wir wach, damit der Fluss nicht nur geographisch die unterschiedlichen Kulturen vereinigt, sondern auch zur Identifikation mit den europäischen Zielen verhilft. Ich schließe meinen „Zuruf" mit dem Wort von Margarethe Bause: „Wir brauchen Visionen, konkrete Utopien für die Demokratie und Ökologisierung und sollten für sie auf die Straße gehen".

Sr. Mirjam Müller OT, Deutschordensschwester, Passau St. Nikola

Erbarmen

Täglich erreichen uns Meldungen über das Elend der Menschen in aller Welt, die in uns Schrecken, Angst, Hilflosigkeit und Schmerz auslösen. Es ist, als dürften und könnten wir die Schönheit dieser Frühlingstage, die Freuden unseres Lebens, die Hoffnung auf eine gute Zukunft für unsere Kinder und Enkel nicht mit offenen, frohen Herzen erleben.

Denn all das Schlimme, das wir Menschen auf Erden anrichten, überschattet unsere Freude aneinander und an Gottes Schöpfung. Und doch, unser Leben ist auf Hoffnung aufgebaut, die ganze Natur, die kleinen Kinder leben es uns vor.

Wir dürfen auf Gottes Barmherzigkeit hoffen, der uns wie der mütterliche Vater im Gleichnis vom verlorenen Sohn entgegenkommt, wenn wir bereit sind, unsere lebensfeindlichen Gewohnheiten und Verhaltensweisen zu erkennen und zu ändern.

Wenn wir uns mit gutem Willen in das Erbarmen Gottes zurückgeben, kommt uns, dem inneren Menschen in uns, seine tröstende, Hoffnung erweckende Liebe entgegen. In uns wird neue Zuversicht lebendig, trotz allem Unheil in unserer Welt.

Pfarrei Schaufling / Effata Chor, aus: Donaugebet April 2019

Mach uns frei

Mach uns frei, Gott,
wir bitten dich um unsere Befreiung
Führ uns aus dem Diensthaus
des technischen Fortschritts
mach uns frei von dem Zwang,
mehr Energie zu verbrauchen als nötig,
mach uns frei von der Rolle
der Ausbeuter unserer Erde

Sei du unser Gott – nicht die Machbarkeit
sei du unser Friede – nicht das Wachstum
gründe uns in Deiner Gerechtigkeit
sei du unser Frieden. Amen

Ev. Kirchengemeinde Hengersberg,
frei nach Dorothee Sölle,
aus: Donaugebet September 2013

Der größte Teil der Bewohner des Planeten bezeichnet sich als Glaubende, und das müsste die Religionen veranlassen, einen Dialog miteinander aufzunehmen, der auf die Schonung der Natur, der Verteidigung der Armen und den Aufbau eines Netzes der gegenseitigen Achtung und der Geschwisterlichkeit ausgerichtet ist. *Enzyklika* Laudato si', *5. Kap., Einige Leitlinien für Orientierung und Handlung (201)*

Was in den Himmeln und auf der Erde ist, preist Gott. *(Koran-Sure 57,1)*

Liebe Menschen aller Religionen und allen Glaubens an der Donau!

Zärtlich in das strömende Wasser blicken, das Geheimnis dieser Urkraft wahrnehmen, eintauchen in das Lebendige, das Strömende, in die Verwandlung, die den Tod umfasst. Das ewig Fließende, immer da, immer dasselbe – und jeden Augenblick neu.

Von den Quellen bis zum Schwarzen Meer und von dort aus auch an die Küsten der Türkei. Nur ein strömender Fluss ist ein lebendiger Fluss, denn er bringt und trägt Wasser für Menschen und Tiere und Pflanzen – lebendig, natürlich. Durch einen Stau würde dieser natürliche, wunderschöne Lebensraum zerstört werden. Der Fluss würde schweigen – vor sich hindümpeln – verstocken. Die Kraft wäre eingedämmt und alles Lebendige, was davon abhängt, mit betroffen.

Ist es beim Menschen nicht ähnlich? In uns fließen Ideen, Gedanken, Kraft, Energie, Phantasie. Auch wir sind lebendig, brauchen die Veränderung und Bewegung. Die Zellen bilden sich neu, das Blut fließt durch die Adern und Venen bis in die kleinsten Äderchen. Stau bedeutet Tod.

Es geht darum, gemeinsam für den Erhalt der Schöpfung zu sorgen, die uns allen heilig ist.

Islamisches Gebet

Du Schöpfer allen Seins!

Lehre mich die Welt zu sehen,
wie DU sie geschaffen hast,
damit ich in Freude daran gehen kann,
mich an ihrer Entwicklung zu beteiligen.

Danke für die kleinen Freuden,
danke, dass ich sie überhaupt
sehen und empfinden kann.

Danke für die Kräfte, die aus Vertrauen wachsen.
Danke, dass ich auch dies wahrnehmen kann.

Danke für Deine Geduld mit Deinen Statthaltern
und Statthalterinnen auf Erden.

Danke, dass Deine Barmherzigkeit kein Ende hat.
Danke für das Aufrichten nach dem Fall.

Danke für die Hoffnung auf Deine Gerechtigkeit.
Danke, dass Du Dir einen Dank anhörst,
dessen du nicht bedarfst.

Amen.

„Mirjams Schwestern", christlich-muslimischer
Gesprächskreis, Hengersberg, aus: Donaugebet Juli 2011

Das Ökumenische Friedensgebet von Papst Franziskus

Herr, unser Gott, dreifaltige Liebe,
lass aus der Kraft deiner innergöttlichen Gemeinschaft
die geschwisterliche Liebe in uns hineinströmen.
Schenke uns die Liebe, die in den Taten Jesu,
in der Familie von Nazareth
und in der Gemeinschaft der ersten Christen aufscheint.

Gib, dass wir Christen das Evangelium leben
und in jedem Menschen Christus sehen können,
dass wir ihn in der Angst der Verlassenen
und Vergessenen dieser Welt
als den Gekreuzigten erkennen
und in jedem Menschen, der sich wieder erhebt,
als den Auferstandenen.

Komm, Heiliger Geist,
zeige uns deine Schönheit,
die in allen Völkern der Erde aufscheint,
damit wir erkennen, dass wir alle wichtig sind,
dass alle notwendig sind,
dass sie verschiedene Gesichter
der einen Menschheit sind,
die du liebst.

Amen.

Katholischer Frauenbund Niederaltteich, zitiert aus der Enzyklika
Fratelli tutti, aus: Donaugebet Oktober 2020

Das Universum entfaltet sich in Gott, der es ganz und gar erfüllt. So liegt also Mystik in einem Blütenblatt, in einem Weg, im morgendlichen Tau, im Gesicht des Armen.

Enzyklika Laudato si', 6. Kap. (233),
zitiert aus Anthologie du soufisme, Paris

Vermüllung der Meere und Flüsse …

Wir möchten uns heute einem Problem zuwenden, das Leben und Gesundheit unserer ganzen Erde bedroht und das uns dazu zwingt, unser Handeln zu verändern.

Es geht um die Gefahren durch Plastikprodukte, die Vermüllung der Flüsse und der Meere durch Plastik. Von Müllstrudeln im Meer sieht man immer wieder einmal schockierende Bilder. Aber die Plastikverschmutzung betrifft auch unsere heimischen Flüsse. Die Donau ist wie die anderen Gewässer bei uns längst voller Plastik. Wie schlimm die Folgen für die Natur, für die Tiere und für uns sind, ist noch kaum abzusehen.

PET-Flaschen, Plastiktüten und unnötiges Verpackungsmaterial gehören nicht nur zu den größten Umweltproblemen unserer Zivilisation, sondern stellen auch eine völlig unterschätzte Bedrohung für die Gesundheit von uns Menschen dar. Bis zu 450 Jahre benötigt eine Plastikflasche, bis sie vollständig abgebaut ist. Jede Stunde werden weltweit 675 Tonnen Plastikmüll in unseren Ozeanen entsorgt. Sie gefährden die Meeresbewohner und am Ende gelangen sie über den Nahrungskreislauf als kleinste Partikel in den menschlichen Körper. Unser Wasser reichert sich zunehmend mit unsichtbarem Mikroplastik an.

Deutschland ist Europameister beim Anfall von Verpackungsabfällen – 3 Millionen Tonnen pro Jahr ist der Anteil von Plastik.

Das Meer ist jetzt schon der dreckigste Ort der Welt. Wenn es so weitergeht mit unserem Verbrauch würde dann - laut UN-Vorhersage – bis 2050 das Gewicht des im Meer treibenden Plastikmülls größer sein als das Gesamtgewicht der dort lebenden Fische.

Es ist für uns Menschen ein relativ neuer Gedanke, dass wir Dinge produzieren, die unsere Erde nicht verdauen kann und die letzten Endes uns selbst krank machen. Es ist neu und mühsam, uns zu kümmern um die Entstehung der Produkte, die wir täglich verbrauchen.

Guter Gott, höre unsere Stimme: Wir bitten um Weisheit für unsere verwirrte Welt. Erleuchte unseren Verstand,

> An mein erstes Donaugebet kann ich mich noch gut erinnern. Unsere Tochter Tabea war klein, 3 oder 4 Jahre alt vielleicht. Während des Gebets kletterte sie auf den Steinen an der Donau herum und ich war leider nicht sehr aufmerksam, sondern immer mit einem Auge und Ohr bei meiner Tochter. Sie ist nicht ins Wasser gefallen, die Sandalen sind schnell wieder getrocknet, und was bleibt ist der Blick auf den großen Fluss, das Kind, in Gedanken versunken ohne Angst spielend mit dem Wasser. Heute ist Tabea fast 30 Jahre alt. Meist sind wir einmal im Jahr gekommen, um ein Donaugebet zu gestalten. Immer im Sommer, im Mai oder Juli oder August. Wir haben die Luft genossen, den Duft des Flusses und Euch und Eure Verbundenheit mit Gottes guter Schöpfung. Und dann habt Ihr – oder die Donau – oder ein Stück der großen Weisheit, die uns trägt – uns ein ganz großes Geschenk gemacht. 2008 war das, am 25. Mai. Wir waren bei Euch, wie immer erfüllt und ermutigt durch Eure Kraft und Euer Durchhaltevermögen. Doch eigentlich wären wir auch gerne zu Hause gewesen, bei uns im Bannwald, der durch eine neue Straße in Gefahr ist. Flughafen-Nordanbindung heißt das Bauvorhaben der

damit wir lernen, dem Leben der Erde zu dienen. Dein Heiliger Geist führe uns auf den Weg der Umkehr und Erneuerung.

Leite uns, zu tun, was in unserer Macht steht, damit wir im Umgang mit den täglichen Dingen des Lebens deine Schöpfung – unseren Lebensraum – ehren.

Wir beten für alle, die sich für den Schutz der Meere einsetzen und sich um ein anderes Verhalten gegenüber unserer Erde bemühen.

Wir beten darum, dass wir mutig gegen die Zerstörungen aufstehen und so diejenigen unterstützen, die in der Gesellschaft Verantwortung tragen und Entscheidungen fällen.

Nürnberger Evangelisches Forum für Frieden und Pazifik-Netzwerk e. V., aus: Donaugebet Juli 2017

Bayerischen Staatsregierung, das unser Naherholungsgebiet, unser Sauerstoffreservoir hier im stadtnahen Wald gefährdet. Plötzlich wurde uns klar: Auch wir müssen beten, zusammen kommen, dort im Wald, an der schönsten Stelle, der ältesten Eiche und Gott um seinen Beistand bitten. Seit zehn Jahren gibt es nun unser Schöpfungsgebet – und die Wahrscheinlichkeit, dass die Autobahnanbindung im Bannwald noch gebaut wird, ist inzwischen sehr gering. Zehn Jahre Schöpfungsgebet, wir durften das am 29. Juli mit Euch zusammen begehen. Pfarrer Josef Göppinger kam mit zwei Freundinnen der Donau und hat die Andacht für uns gestaltet. Eure – unsere Arbeit trägt Früchte! Unsere Gebete wurden erhört – eigentlich ist mir das ja viel zu fromm, eigentlich glaube ich ja gar nicht, dass Gott macht, worum wir ihn bitten. So einfach ist es sicher nicht. Aber dass die Kraft des gemeinsamen Gebetes uns trägt über Kilometer, Jahre und Rückschritte hinweg, das darf ich nicht nur glauben, dass haben wir ganz konkret erfahren. Gott sei Dank!

Christine Mößner, Nürnberger Evangelisches Forum für den Frieden

Großmütter für den Frieden und Bewahrung der Schöpfung ...

Es war im Jahre 2004 im Staate Washington: 13 Großmütter aus unterschiedlichsten Nationen formulierten ihre Sorge um den Planeten Erde und all seiner Geschöpfe in einer öffentlichen Erklärung. In der Einleitung dazu sagen sie:

> Die Zerstörung der Erde beunruhigt uns zutiefst!
> Die Vergiftung der Luft, der Gewässer und der Erde,
> die Gräueltaten der Kriege,
> die Bedrohung durch nukleare Waffen und Abfälle,
> die wachsende Armut,
> die vorherrschende Kultur des Materialismus,
> die Epidemien, die die Menschheit bedrohen,
> die Ausbeutung der Urvölker und die Zerstörung
> ursprünglicher Lebensformen.

Mit ihrem Treffen folgten sie der Aufforderung einer alten Prophezeiung ihrer Kulturen, die besagt, dass ein neues Zeitalter anbrechen wird, wenn Großmütter aus allen Windrichtungen sprechen. Dabei verstehen sie das Großmuttersein nicht in erster Linie biologisch, sondern eher seelisch-geistig. In der Spiritualität dieser indigenen „Großen Mütter" nehmen prophetische Worte und Visionen einen großen Platz ein. Sie gehen in ihrem Leben von einer Vernetzung aus, in der alles mit allem verbunden ist. Das bedeutet, dass alles, was ein einzelner Mensch denkt und tut, sich immer auf das große Ganze auswirkt.

Das heißt, jeder Gedanke, jedes Gefühl, strömt ins Weltall und wirkt!

Bei diesem ersten Treffen verpflichteten sich die „Großen Mütter", die alten Weisheiten ihrer Völker weiterzugeben zum Erhalt von Frieden und Natur.

So schreibt ein 800 Jahre altes Gesetz der Irokesen vor, das Wohl der kommenden sieben Generationen bei all ihrem Handeln zu berücksichtigen. Sieben Generationen!

Eine zentrale Bedeutung dabei hat das Gebet.

Das Gebet für die kommenden Generationen gilt in verschiedenen Naturvölkern als die wichtigste Aufgabe der Großeltern.

Seit diesem ersten Treffen nahmen viele „Älteste", der Ehrentitel in alten Kulturen für alte Menschen, mit dieser internationalen Gruppe der Großmütter Kontakt auf. Auch in Europa gibt es Nachahmerinnen, in Deutschland unter dem Namen „der Rat der Großmütter", in der Schweiz unter „GroßmutterRevolution".

Gundelau-Nachbarinnen, aus: Donaugebet November 2019

Abbildungen vorige Seite: Blumen an der Donau. Oben: Pyramiden-Hundswurz, Maiglöckchen; Mitte: Schwanenblume, Küchenschelle; unten: Wasserfeder, Wasserschlauch

Neues globales Bewusstsein

„Der Mensch ist ein Teil des Ganzen, das wir Universum nennen – ein in Raum und Zeit begrenzter Teil. Wir erfahren uns, unsere Gedanken und Gefühle als etwas vom Rest Getrenntes – eine Art optischer Täuschung des Bewusstseins. Diese Täuschung ist für uns eine Art Gefängnis, die uns auf unsere persönlichen Wünsche und auf die Gefühle für die wenigen Personen reduziert, die uns am nächsten sind. Unser Ziel muss es sein, uns aus diesem Gefängnis zu befreien, indem wir den Kreis unserer Nächstenliebe so erweitern, dass er alle lebenden Wesen und das Ganze der Natur in ihrer Schönheit einschließt."

Mit den Gedanken von Albert Einstein grüße ich euch vom Nürnberger Evangelischen Forum für den Frieden. Hier an diesem Ort feiern wir.

Wir feiern die Würde der Erde. Wir feiern den Geist des wachen Gewissens. Wir feiern die Geistkraft Gottes, die uns Wege in die Zukunft weist. Wir feiern den Widerstand, den Menschen in politischen Auseinandersetzungen leisten. Wir feiern die Erinnerung an Orte und Personen, die für Gerechtigkeit und Frieden stehen, in alten und neuen Zeiten, wie im Dritten Reich, wie in Mutlangen und Wackersdorf, die uns bis heute – wie jetzt die „Fridays for Future" – Kraft geben.

Zu dir, Schöpfer der Natur und der Menschen, bete ich: höre meine Stimme, denn es ist die Stimme der Opfer aller Kriege und aller Gewalt unter Menschen und Staaten und gegen unseren Planeten, die Erde. Höre meine Stimme, denn es ist die Stimme aller Kinder, die leiden und noch leiden werden, wenn Menschen ihr Vertrauen auf Waffen und Kriege setzen.

Adelheid von Guttenberg, aus: Jahresfeier der Kreuzsegnung Juni 2019

Ökologie und Pandemie

Inmitten unserer geschichtlichen Erfahrung der Pandemie, der alle Völker betreffenden globalen Krise, einer der schwersten seit Menschengedenken, fragen wir: Was lernen wir von Covid-19? Wonach strecken wir uns aus? Worauf setzen wir unsere Hoffnung?

„Rückkehr zur Normalität", ist allerorten zu hören. Doch wie wird diese Normalität aussehen? Wollen wir weitermachen wie bisher, gar noch beschleunigter, das Versäumte nachzuholen? Diese Frage stellt auch Johannes Röser in „Christ in der Gegenwart", Ausgabe 5/2021:

„Wollen wir weiter leben in der ökologisch verheerenden Wegwerf- und Verschwendungskultur, die Shopping, Freizeitspaß und exzessive Reisevergnügen an die oberste Stelle persönlichen Glücksempfindens gerückt hat? Braucht es nicht doch ein radikales privates Umdenken, einen einschneidenden Wandel des persönlichen Lebensstils – hin zu Einfachheit, Einschränkung, Abrüsten und Herunterfahren? Lockdown und Shutdown dauerhaft, nicht nur zu Corona-Zeiten? Ist das Utopie oder werden wir als Kultur und Gesellschaft nach einem epochalen Innehalten doch einen Ausweg voller Mäßigung neu finden, der eine völlig neue ökonomische wie soziale Ordnung hervorbringt? Mitinspiriert von einer christlichen Haltung und Hoffnung, die Fortschritt mit Sinn verbindet, der darum weiß, dass wir in dieser Welt nicht ganz zu Hause sind."

Ökumenischer Aktionskreis, aus: Donaugebet Februar 2021

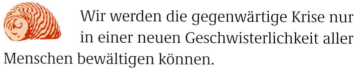 Wir werden die gegenwärtige Krise nur in einer neuen Geschwisterlichkeit aller Menschen bewältigen können.

Papst Franziskus, Aschermittwochspredigt 2021

Gegenüberliegende Seite: Jahresfeier der Kreuzsegnung Juni 2020 mit (von links) Marlis Thalhammer, Pfarrer Josef Göppinger, Josef Kastenhuber, Dr. Monika Vogl, Regionalbischof Klaus Stiegler, Pfarrer Heinrich Blömecke, Pfarrerin Astrid Sieber und Christian Slavik

Ende des Machbarkeitswahns durch Corona

Wir erfahren momentan, dass unser selbstbestimmtes Leben von einer Krise durchkreuzt wird. Ein unsichtbares, kleines Virus bestimmt unser Leben und verändert unseren Alltag. Von neuem spüren wir, wie verletzlich und verwundbar wir sind. Unsere Planungen, Vorhaben und Projekte stürzen zusammen wie ein Kartenhaus.

Papst Franziskus hat es in seiner berührenden und mahnenden Segensfeier auf dem menschenleeren Petersplatz so formuliert: „Herr, dein Wort heute Abend trifft und betrifft uns. In unserer Welt, die du noch mehr liebst als wir, sind wir mit voller Geschwindigkeit weitergerast und hatten dabei das Gefühl, stark zu sein und alles zu vermögen. In unserer Gewinnsucht haben wir uns ganz von den materiellen Dingen in Anspruch nehmen und von der Eile betäuben lassen. Wir haben vor deinen Mahnrufen nicht angehalten, wir haben uns von Kriegen und weltweiter Ungerechtigkeit nicht aufrütteln lassen, wir haben nicht auf den Schrei der Armen und unseres schwer kranken Planeten gehört. Wir haben unerschrocken weitergemacht in der Meinung, dass wir in einer kranken Welt immer gesund bleiben würden."

Das Gebet des Papstes in dieser Krise atmet den Geist seiner Enzyklika Laudato si' und seiner „Sorge um unser gemeinsames Haus", die Erde. Dieser Geist bestimmt und leitet auch unsere Gebete hier an der Donau. Vielleicht will Corona uns auch daran erinnern, dass wir nicht die Krone, sondern Teil der Schöpfung sind.

In der Krise wachsen nicht nur Ängste und Sorgen, es wachsen auch das Miteinander und die Solidarität. Vielleicht werden wir wieder mehr an Verhaltensweisen und Tugenden erinnert, die etwas in den Hintergrund getreten sind: ein neuer achtsamer Blick auf unsere Mitmenschen und auf unsere Erde, eine bewusste Entschleunigung unserer Lebensgewohnheiten, eine tiefe Dankbarkeit für alles, was nicht selbstverständlich ist, ein aufrechter Mut zur wahren Demut vor Gott, die uns die Hände zum Gebet falten lässt, ein neues Ja zu unserer eigenen Verletzlichkeit inmitten einer verwundbaren Welt. Der Apostel Paulus erinnert uns immer wieder daran: Gottes Kraft ist in unserer Schwachheit mächtig!

Jahresfeier der Kreuzsegnung 2020, Pfarrer Josef Göppinger

Das Hohe Lied der Hoffnung

An diesem wunderschönen Fleckchen Erde, die fließende Donau vor Augen, inmitten von blühenden Bäumen und Vogelgezwitscher in den Ohren, so feiern wir diese Andacht.

Lassen Sie uns unsere Gedanken sammeln um einen Satz aus dem Römerbrief im 8. Kapitel: „Wir wissen aber, dass denen, die Gott lieben, alle Dinge zum Besten dienen."

Ein kühner, ein steiler Glaubenssatz des Apostels Paulus! Alles, was geschieht in unserem Leben, alles, was geschieht in dieser Welt, soll uns zum Besten dienen? Können wir da einstimmen, wenn wir auf unsere Lebensgeschichte zurückschauen oder hinausschauen in die weite Welt?

Wenn dem so wäre, dann müssten wir sagen, dass auch die Corona-Pandemie, die die ganze Welt in Atem hält, zum Besten gehört, was uns hätte geschehen können. Würde dieser Satz so zu verstehen sein, dann liegt die Verharmlosung dessen, was geschieht, ganz nah. Dann wäre es ein Satz, der uns, ergeben in schicksalhafte Ereignisse, unser Leben führen ließe, dass auch schwerste Lebenserfahrungen verharmlost würden.

Zynismus und stoische Ergebenheit in alles, was geschieht, ist das die Spur, in die hinein uns unser Apostel Paulus führen möchte? Nein, sicher nicht!

Vom Kreuz her schaut Paulus auf unser Leben, und so ist es wunderbar, dass wir auch hier unter dem Kreuz diese Andacht halten. Das Kreuz, das uns wie ein Vorzeichen in das Leben hineinschauen lässt.

Und da wird Paulus sehr ehrlich und auch sehr persönlich. Er beschreibt die ganze menschliche Schwachheit, die wir auch kennen. Er verheimlicht nicht, dass wir unseren Platz haben inmitten der ganzen Schöpfung, die stöhnt und sich ängstigt. So weit, dass es Erfahrungen im Leben gibt, wo uns die Worte fehlen. Und wo uns manchmal sogar die Worte zum Beten fehlen.

In diese Schau auf unser Leben, auf unser Menschsein inmitten von Gottes Schöpfung, stimmt Paulus dann dieses Hohe Lied der Hoffnung an. Und so bekommt dieses Bibelwort eine andere Klangfarbe als Zynismus oder einfach stoische Ergebenheit.

Gottes Schöpfung ist gut, so heißt es, von Anfang an. Aber sie ist nicht abgeschlossen und sie ist nicht perfekt. Und gerade deshalb haben wir Menschen den Auftrag, diese Erde zu bebauen und zu bewahren. Immer wieder gilt es, das Chaos zu bändigen und zu ordnen. Dazu hat Gott uns Verstand gegeben, Vernunft und uns in die Verantwortung genommen. Dazu sind wir berufen, für den Ausgleich von Ökologie und Ökonomie und sozialem Frieden zu sorgen und sich einzusetzen. Die Donau mit ihren 2900 Kilometern fließt durch 10 Länder. Ein kleines Beispiel, wie wir verknüpft und verbunden sind auf Gottes Erdboden.

Das Hohe Lied der Hoffnung des Paulus gründet im Gehaltensein in der Liebe Gottes: Dass uns von dieser Liebe nichts und niemand trennen kann, weder Gegenwärtiges, weder Vergangenes noch Zukünftiges. Darum haben wir Schaffenskraft, darum übernehmen wir Verantwortung und zeugen mit unserem Leben als Christen für die Liebe Gottes zu seiner Schöpfung. Und dann, ja dann geraten uns alle Dinge zum Besten, gehalten von diesem Gott, der immer wieder Zukunft eröffnet und immer wieder Kraft schenkt das Chaos zu bändigen.

Jahresfeier der Kreuzsegnung 2020
Regionalbischof Klaus Stiegler, Regensburg,

Zeittafel

1921 Gründung der Rhein-Main-Donau AG zur Schaffung einer durchgängigen Wasserstraße: Rhein-Main-Donau

1992 Fertigstellung des Main-Donau-Kanals durch das Altmühltal

1992 Im Dezember Eröffnung des ersten Raumordnungsverfahrens (ROV) für den Abschnitt Straubing-Vilshofen mit drei Staustufen und 10 km langem Seitenkanal

1992 Erster Internationaler Donaukongress des Bundes Naturschutz Bayern e.V. (BN) mit Vorstellung der flussbaulichen Ausbauvariante ohne Staustufen

1993 Aussetzen des ROV, Beauftragung ergänzender Gutachten

1994 Im Januar erste Ökumenische Donausegnung in Niederalteich durch Abt Emmanuel Jungclaussen OSB und Pfarrer Norbert Stapfer

1994 Im Mai Gründung des Ökumenischen Aktionskreises „Lebendige Donau" und Beginn der monatlichen Donaugebete in Niederalteich, Errichtung und Segnung des Donaukreuzes im Mai 1995

1995 Expertenanhörung im Bayerischen Landtag; erstes ROV wird eingestellt

1996 vertiefte Untersuchungen zur flussbaulichen Variante werden erstmals vereinbart

1996 Beginn der monatlichen Donaugebete in Oberalteich, Landkreis Straubing

1996 Gründung der „Freundinnen der Donau e.V."; der erste Donaukalender erscheint

1996 Abt Emmanuel Jungclaussen OSB erhält den „Bürger-Oscar für Zivilcourage" der Passauer Neuen Presse

1999 Gebet zur Eröffnung des internationalen Donau-Symposiums „A River of Life" in Niederalteich mit dem Ökumenischen Patriarchen Bartholomäus I.

2001 Vorstellung der vertieften Untersuchungen zum sanften Donauausbau

2002 Der Bundestag beschließt, künftig auf den Bau von Staustufen zu verzichten

2003 Die Bayerische Staatsregierung akzeptiert den Bundestagsbeschluss nicht

2005 Das zweite ROV wird mit neuen Ausbau-Varianten eröffnet

2008 Vereinbarung neuer EU-Studien und deren Veröffentlichung im Sommer 2012

2008 Verleihung des Naturschutzpreises des Bundes Naturschutz an Abt Emmanuel Jungclaussen OSB

2012 Donaubereisung durch Ministerpräsident Horst Seehofer im Dezember

2013 Im Februar beschließt das bayerische Kabinett den sanften Donauausbau ohne Staustufen und die sofortige Verbesserung des Hochwasserschutzes

2013 Im Juni Jahrhunderthochwasser mit Dammbrüchen bei Deggendorf und Niederalteich

2014 Im Mai erhält Abt Emmanuel Jungclaussen OSB aus der Hand des Umweltministers Marcel Huber die Umweltmedaille des Freistaates Bayern für sein Engagement um den Erhalt der „Frei fließenden Donau"

 Dieses Buch ist den Kindern und Jugendlichen kommender Generationen gewidmet. Möge die frei fließende Donau ihnen das Geheimnis des Strömenden weiterhin als Sinnbild ihres Lebens erschließen.

Gruppen, die Donaugebete gestaltet haben

In Niederalteich: Ökumenischer Aktionskreis „Lebendige Donau" · Chorkreis Rainer Gaschler · Frauengruppe zum „Weltgebetstag der Frauen" Niederalteich · Konfirmandengruppe Ev. Kirchengemeinde Hengersberg · Pfarrgemeinderat Niederalteich · Kirchenchor Niederalteich · Kath. Frauenbund Niederalteich · Dr. Manek mit Jugendgruppe · Ev. Kirchengemeinde Hengersberg · Pfarrgemeinderat Hengersberg · St. Georg-Pfadfinderschaft Hengersberg · Pfr. Josef Göppinger mit Singkreis „Herzensklänge" Regen · Kath. Landjugend Niederalteich · Kath. Landvolkbewegung Passau · Pfarrei Schöllnach · Ministranten der Pfarrei Hengersberg · Literat Anton Halser, Deggendorf mit Brigitte Gray, Geiersthal · Referententeam der Kath. Landvolkshochschule · Barbara Schmidt, Misereor-Bayern, München · Kath. Landjugend Kreisteam Deggendorf · Chorkreis Niederalteich e.V., · Antonibläser Osterhofen · Ev. Posaunenchor Deggendorf · Kirchenchor Buchhofen · Ev. Studierende Gemeinde der Fachhochschule Deggendorf · Ev. Posaunenchor Hengersberg/Bogen · Pfarrei Tiefenbach · „La Nuova Chor" Tiefenbach · Kath. Landjugend Außernzell · Kath. Landjugend Schöllnach · Kath. Jugendbüro Osterhofen · Ev. Kirchengemeinde Osterhofen · Ehemaligengemeinschaft der Kath. Landvolkshochschule Niederalteich · Ev. Kirchengemeinde Deggendorf mit Gruppe „Be One" · Abt-Joscio-Schule Niederalteich · Franziskanische Gemeinschaft Wallerfing/Burghausen · Ev. Kirchengemeinden Deggendorf und Metten · Eine Welt Kreis Vilshofen · Ev. Studierende Jugend der Universität Passau · Kath. Studentengemeinde Passau · Gundelau-Nachbarinnen Niederalteich · Nürnberger Evangelisches Forum für Frieden · Pazifik-Netzwerk e.V. Nürnberg · Christliche Niederalteicher Jugend · Kath. Studierende Jugend Passau · Chorkreis „Grenzenlos" Ruderting · Interessengemeinschaft „Gesunde Heimat-Lallinger Winkel" · Christlich-Muslimischer Frauengesprächskreis Hengersberg/Osterhofen · Pax-Christi Regensburg · Pfarrei Lalling · „Effatachor" Schaufling · Firmgruppe Aholming/Langenisarhofen · „Stimmgabel" Aholming · Pfarrgemeinderat Otterskirchen · Amnesty International Deggendorf · Pfarrverband Hauzenberg · Kirchenchor St. Nikolaus Haag · Konvent der Ursulinen Niederalteich · Firmgruppen der Pfarrei Winzer und Neßlbach · Musikgruppe „Der 6. Sinn" Winzer · Chorgemeinschaft „Ohrwürmer" Winzer · Firmgruppen der Pfarrei Schöllnach · Kinder- und Jugendchor Iggensbach · Jugendausschuss der Ev. Kirchengemeinde Hengersberg · Freundinnen der Donau e.V. · Herzensgebetskreis Schaufling/Niederalteich · „Tanzquelle" Schützing · Firmgruppe der Pfarrei Hutthurm · Heimat- und Trachtenverein d'Ohetaler Hengersberg · Arnbrucker Sänger · Christian Slavik und Claudia Walther mit Sängerinnen · Pfarrkirchner Dreigesang · Interkultureller Verein Mostik e.V. Deggendorf · Umweltreferat der Diözese Passau · Sachausschuss Umwelt und Schöpfung des Diözesanrats Passau · Junge Ökologen Kreis Deggendorf · Ev. Kirchenvorstand Beilngries · Ackermanngemeinde, Jugendreferat · Pfarrverband Ramsdorf/Wallerfing · Pfarrei Osterhofen · Kolpingfamilie Osterhofen · Pfarrverband Isarhofen · Chor „AchorD" Moos · Alphornbläser Deggendorf · Gospelchor „Masithi" Osterhofen · Ev. Kirchengemeinde Osterhofen · Arbeitskreis „Christen und Ökologie", Mitterfels · Dekanatsrat Osterhofen · Diözesanverband Kath. Landjugend · Diözesanverband Kath. Junge Gemeinde · Literaturfreunde Deggendorf · Franz-Xaver Lechner mit Gruppe, Osterhofen · Adriano Martins und Freunde vom Rio São Francisco, Brasilien · Ev. Kirchengemeinde Beilngries mit Pfr. Dr. Petersen · Misereor-Hungertuch-Wallfahrt 1996 · Pfarrei Triftern · Eine Welt Kreis Osterhofen

In Oberalteich: Arbeitskreis „Christen und Ökologie" Straubing-Bogen · Ev. Posaunenchor Bogen · Maria Birkeneder, Mitterfels mit Gruppen · Eva und Bernhard Suttner, Windberg, mit Gruppen · Susanne Götte und Pfr. Georg Hartlehnert, Weiden · Ev. Kirchengemeinde Bogen · Pfr. Hans Trimpl, Perasdorf mit Gruppen · Sonja Seidel, Straubing mit Gruppe · Ulrike Silberbauer-Jurgasch, Straßkirchen mit Gruppen · Firmgruppe Mitterfels · Doris Metzger, Mitterfels, mit Gruppen · Taizé-Gruppe, Rain · Maria Stauber, Straubing mit Gruppen · Ev. Jugend mit Diakon Walter Peter